古典籍に描かれた江戸の酒文化

Sato Hideki
佐藤秀樹 著

水鳥記から始まる
大田南畝と曲亭馬琴の酒合戦

三弥井書店

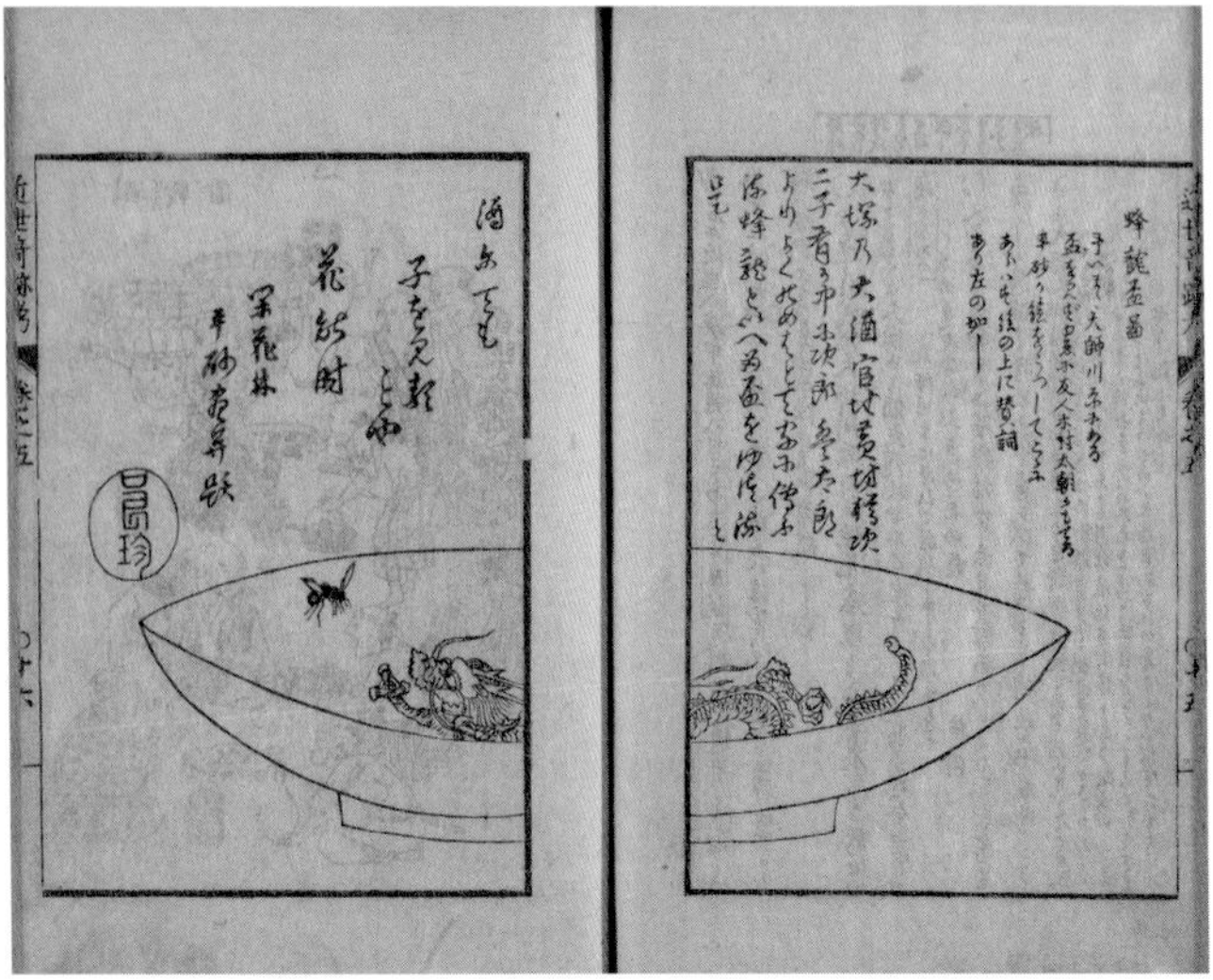

近世奇跡考酒杯
『近世奇跡考』蜂龍盃図

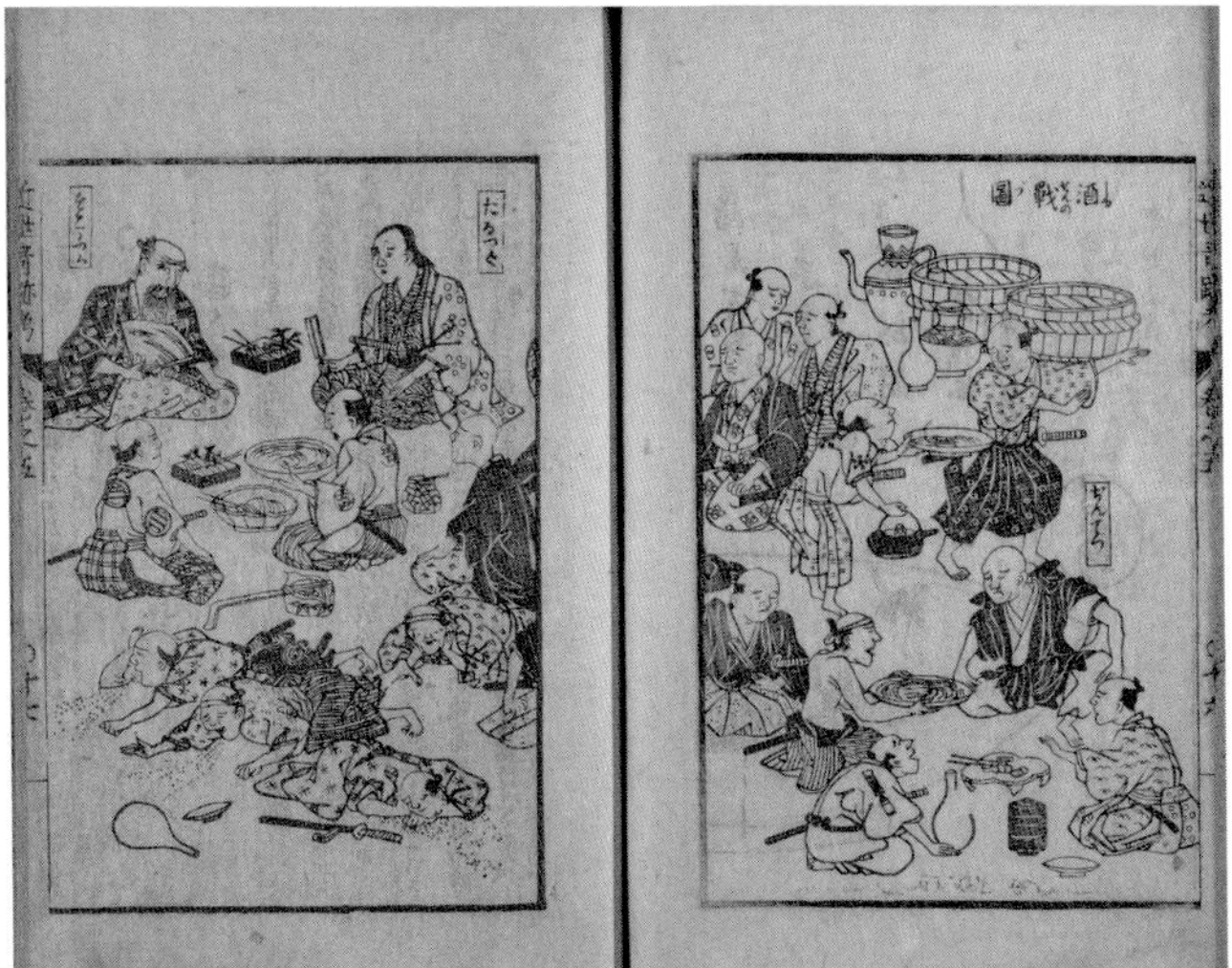

近世奇跡考酒戦図
『近世奇跡考』酒戦図　国会図書館デジタル

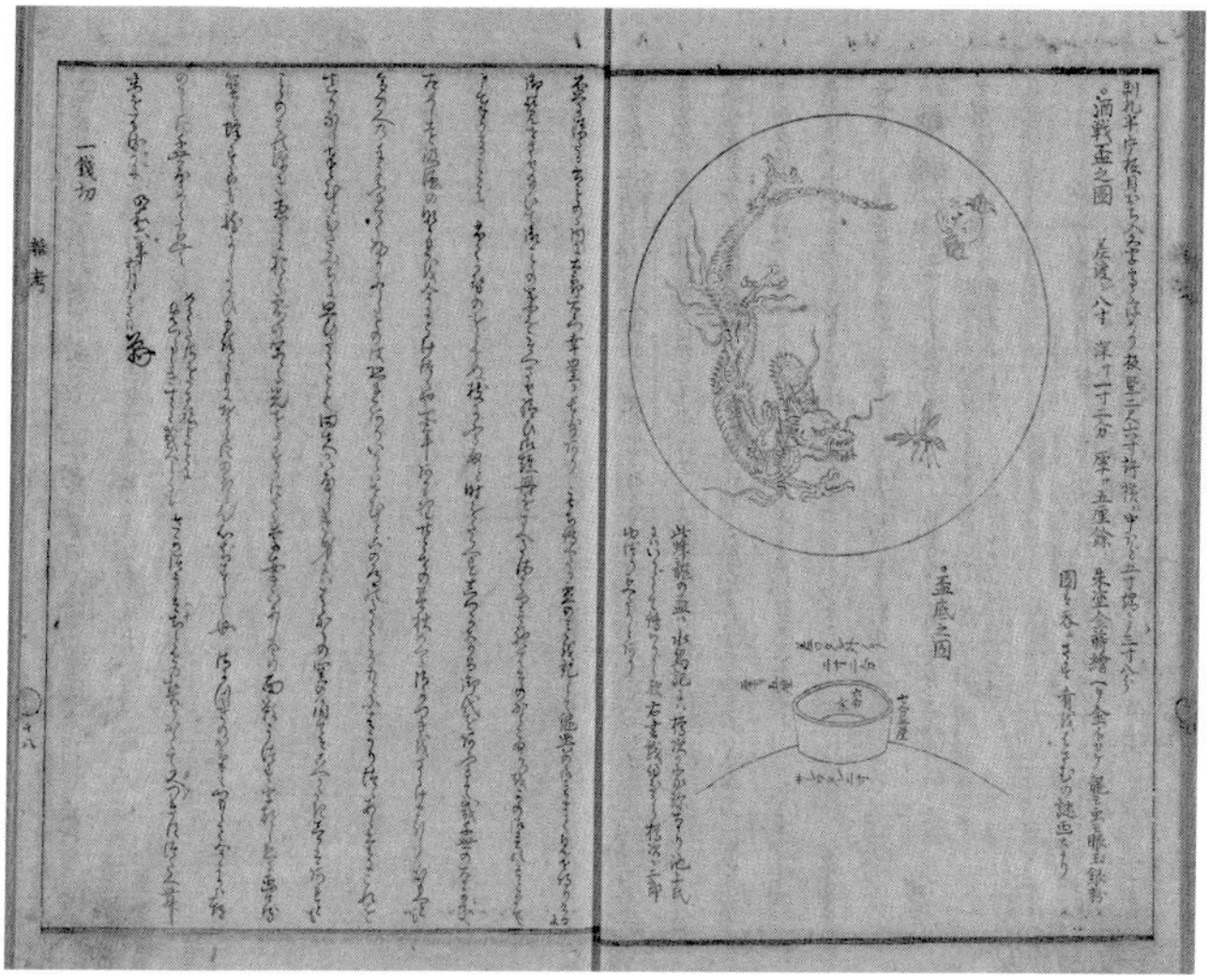

筠庭雑録酒杯
『筠庭雑録』酒戦盃之図　国会図書館デジタル

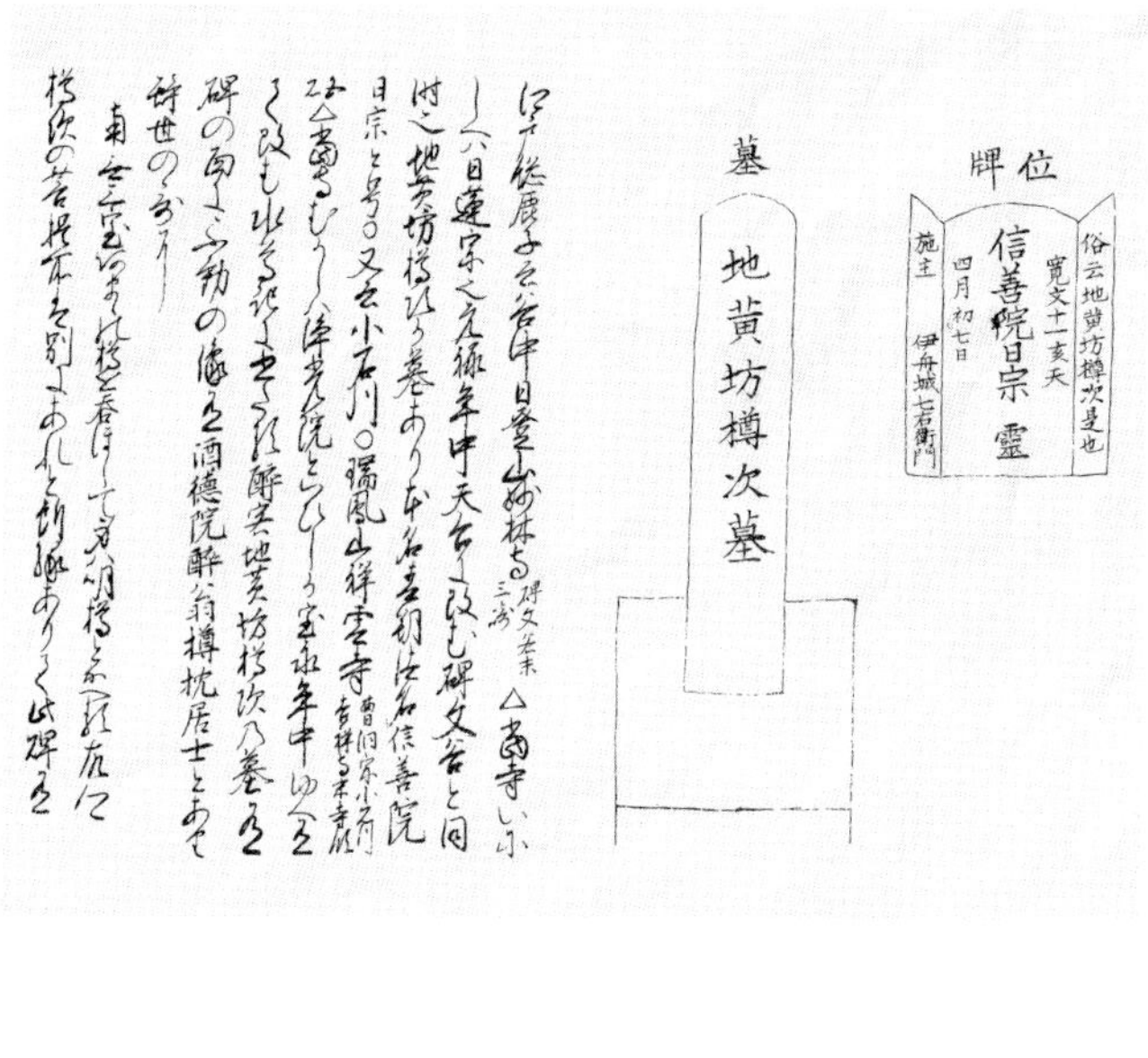

地黄坊樽次考位牌
「地黄坊樽次考」墓・位牌　『視聴草』国立公文書館蔵

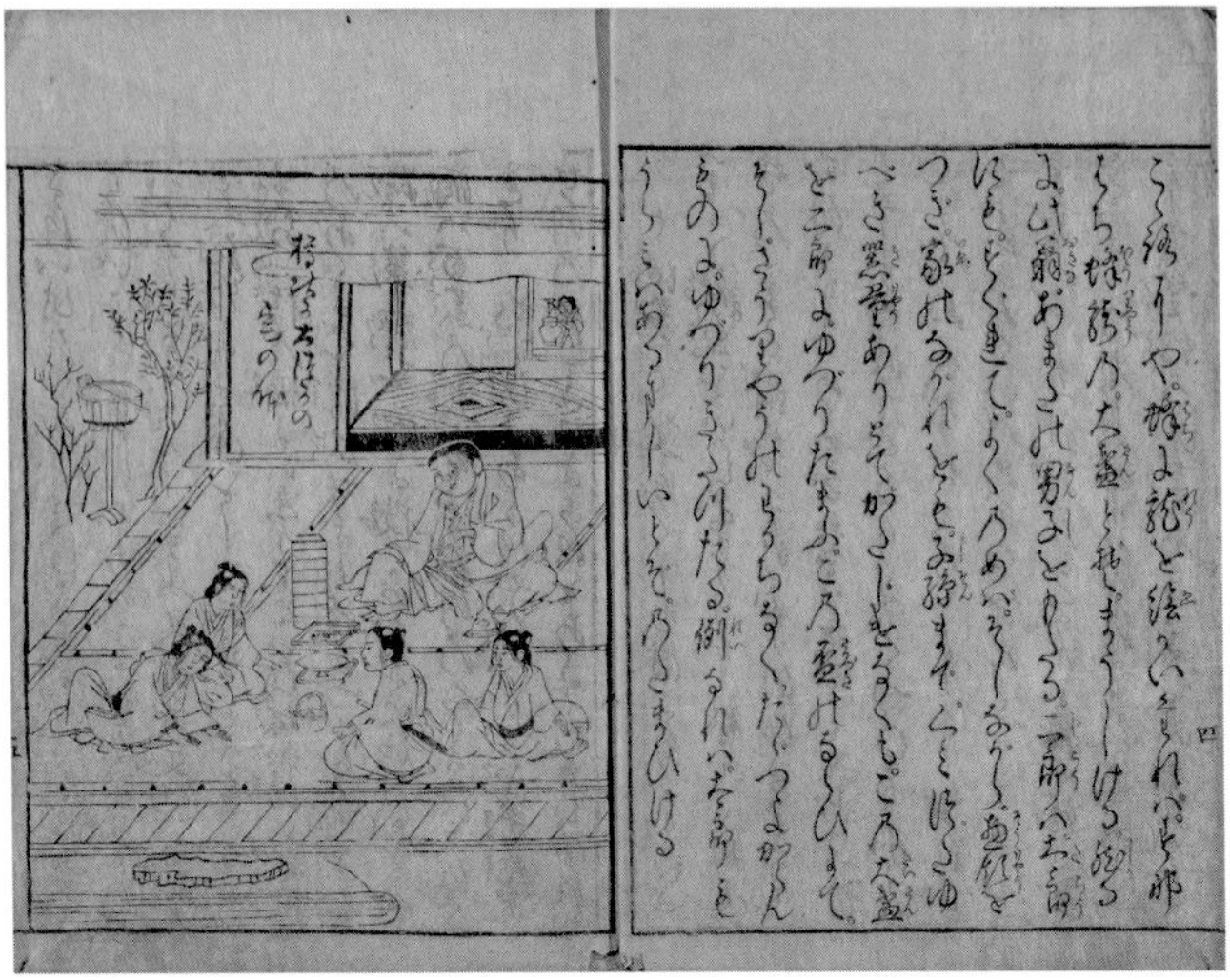

楽機嫌上戸
「樽次大酒官宅」『楽機嫌上戸』

楽機嫌上戸
「樽次酒徒の名別をしるす」『楽機嫌上戸』国会図書館デジタル

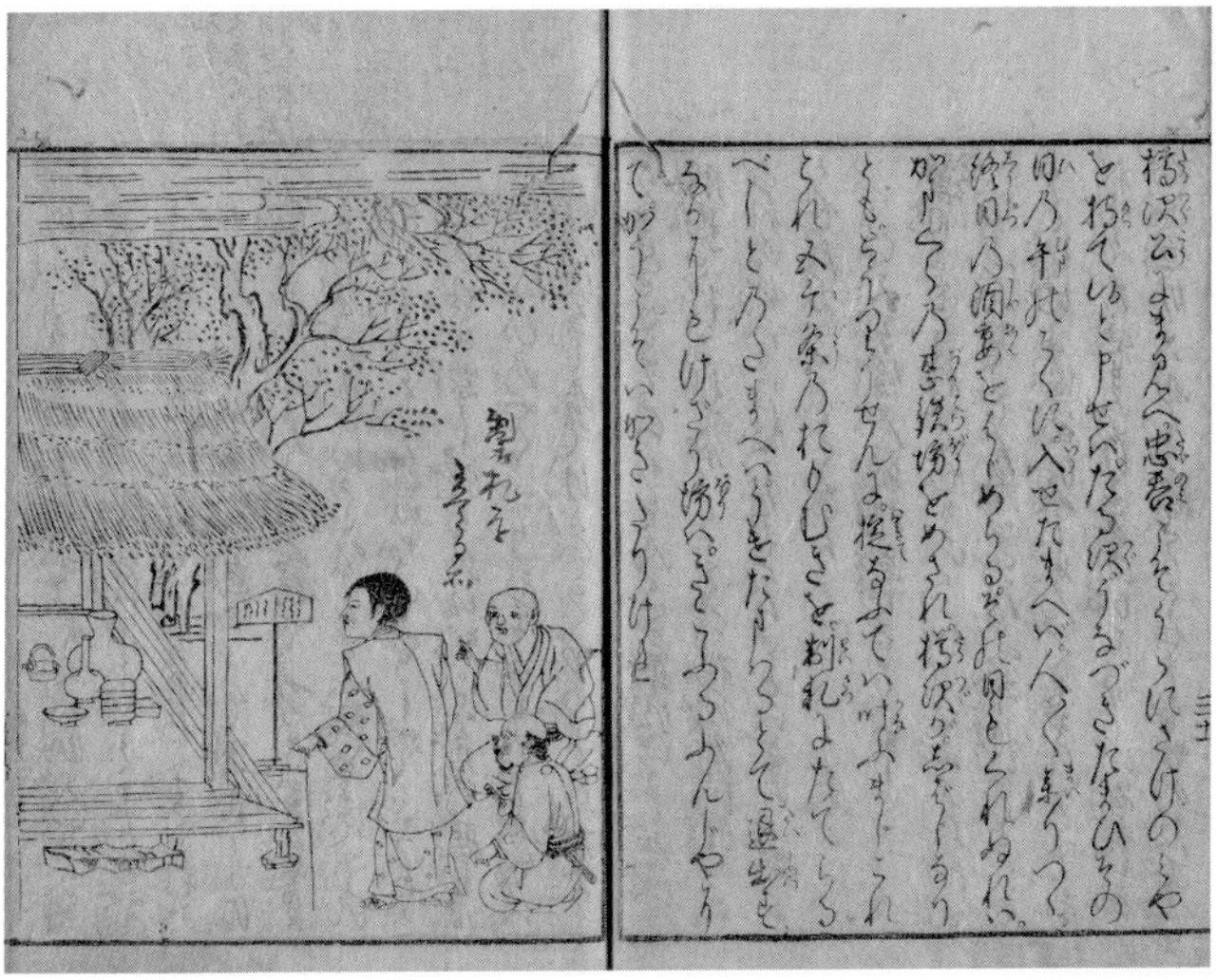

楽機嫌上戸「制札を立てくる」『楽機嫌上戸』

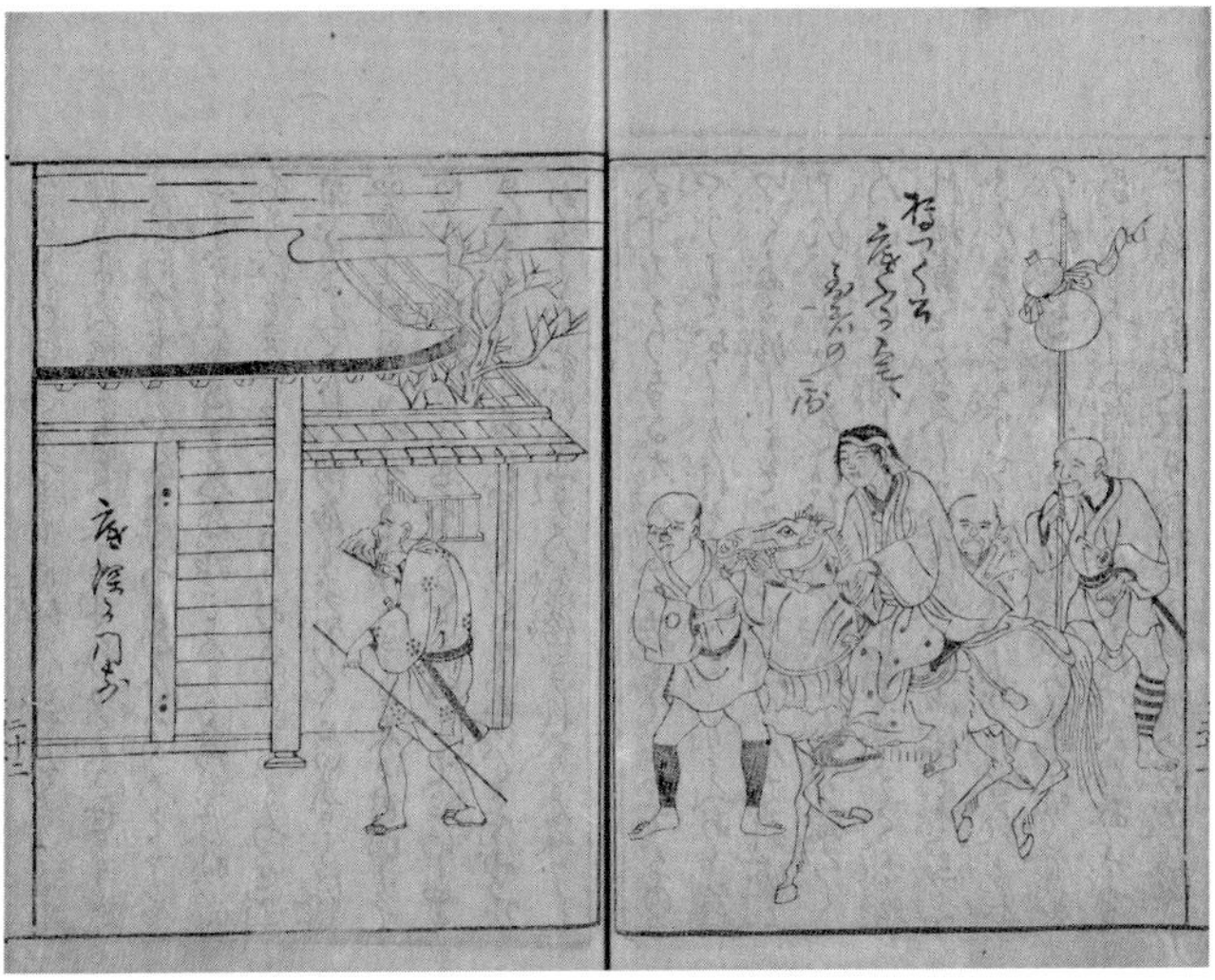

楽機嫌上戸「樽次公底深宅へ到着」『楽機嫌上戸』

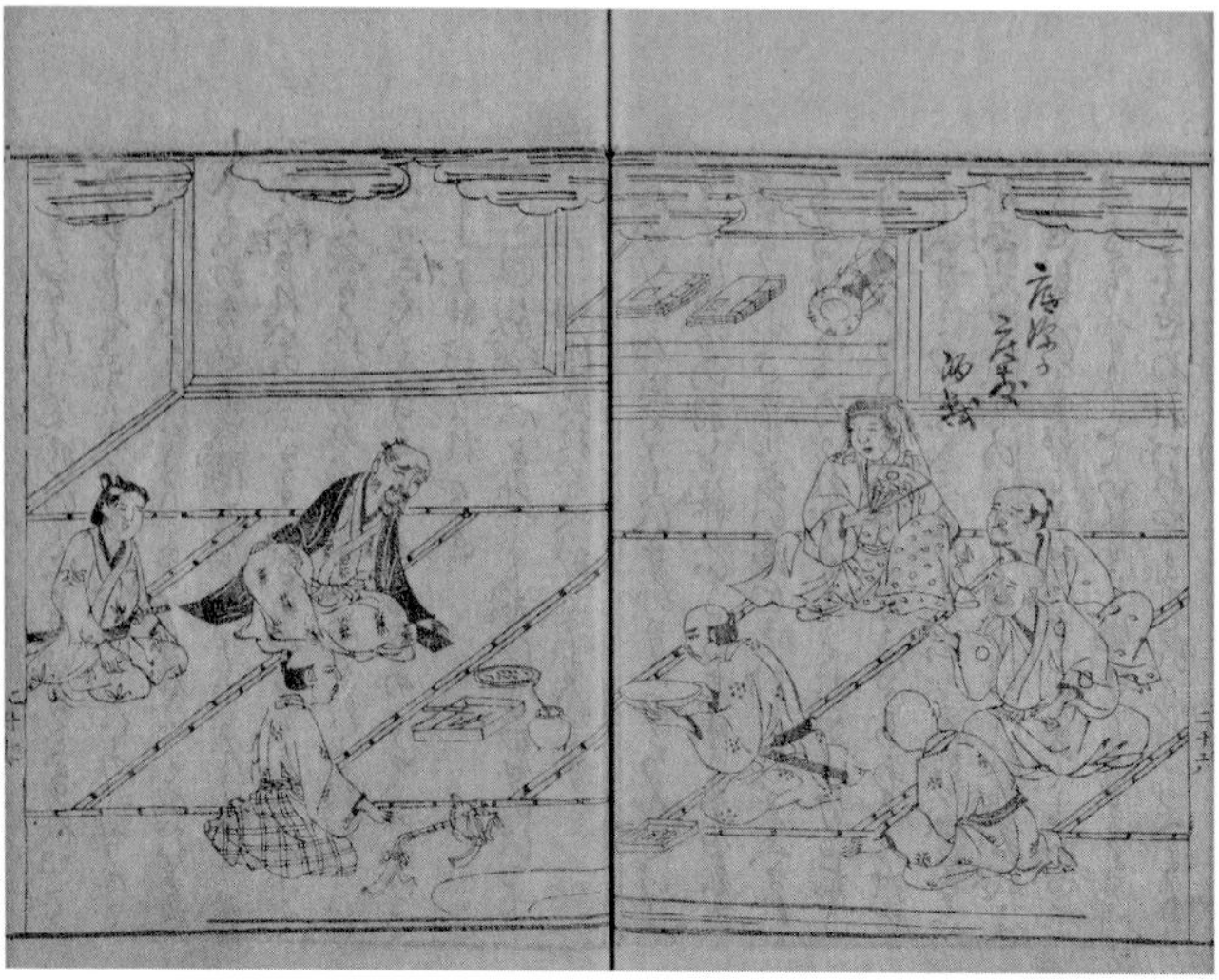

楽機嫌上戸
「樽次ら底深酒戦」『楽機嫌上戸』

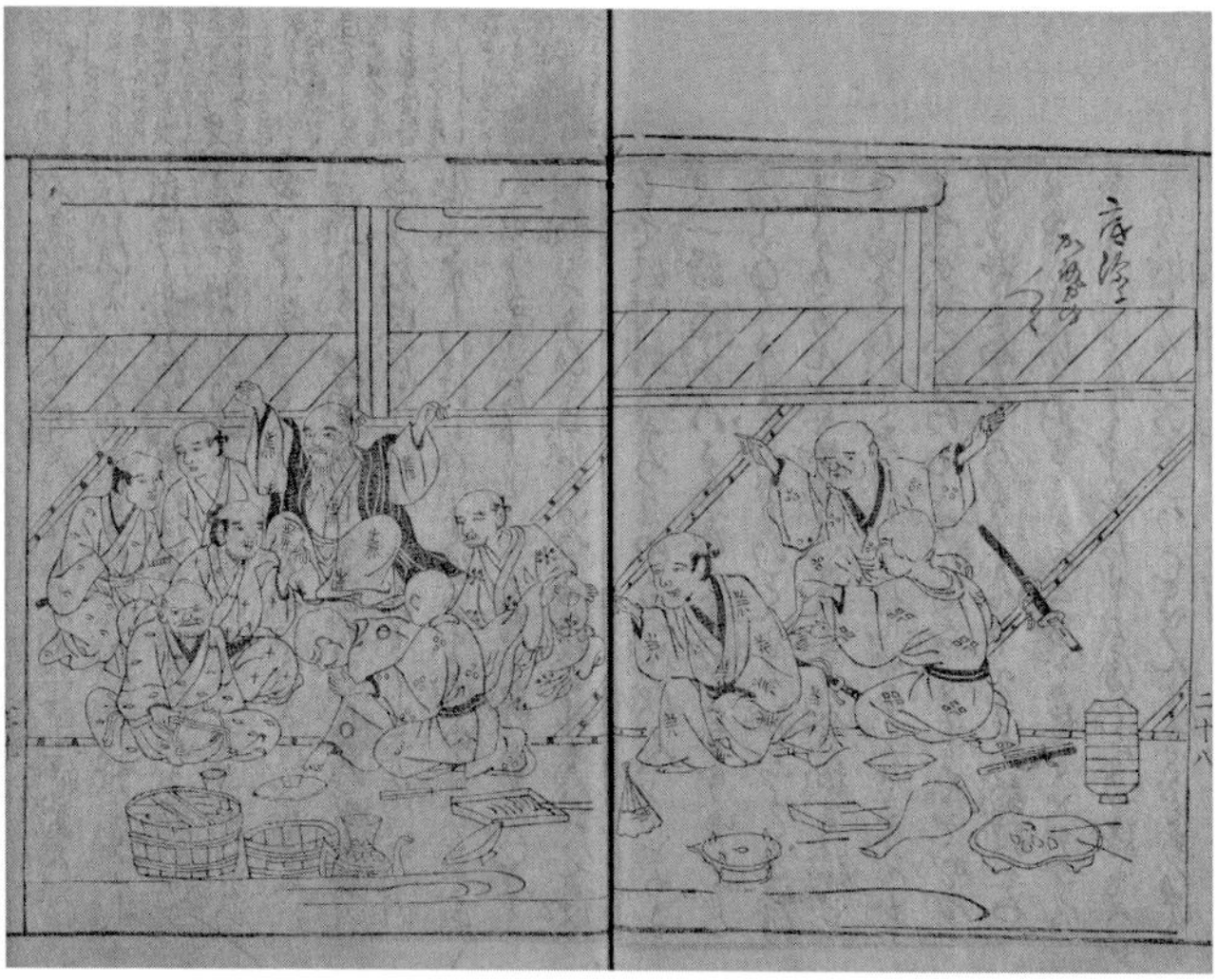

楽機嫌上戸
「底深に加勢つく」『楽機嫌上戸』国会図書館デジタル

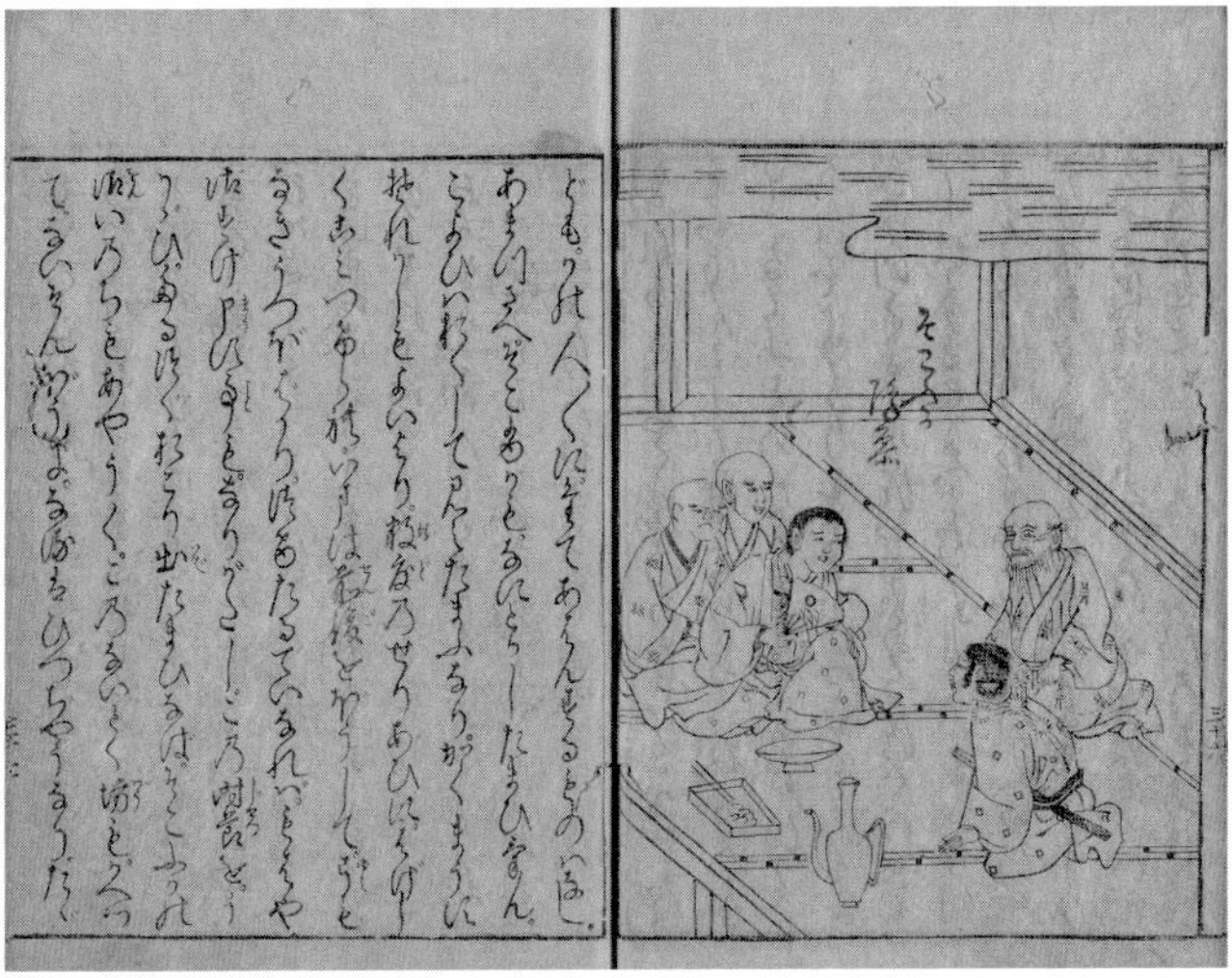

楽機嫌上戸
「底深降参」『楽機嫌上戸』

楽機嫌上戸
「樽次帰宅」『楽機嫌上戸』国会図書館デジタル

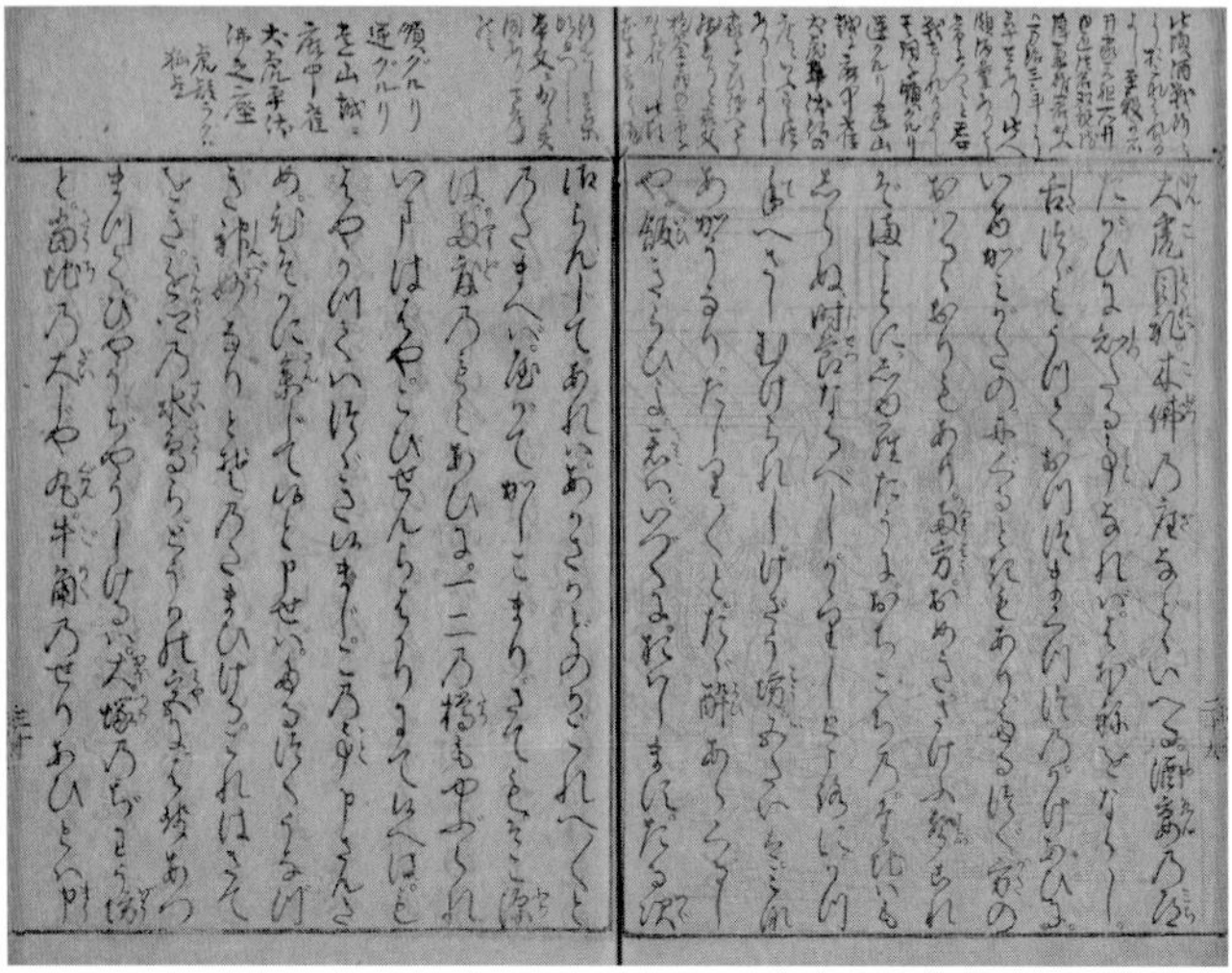

「犬虎目礼木仏乃座」『楽機嫌上戸』

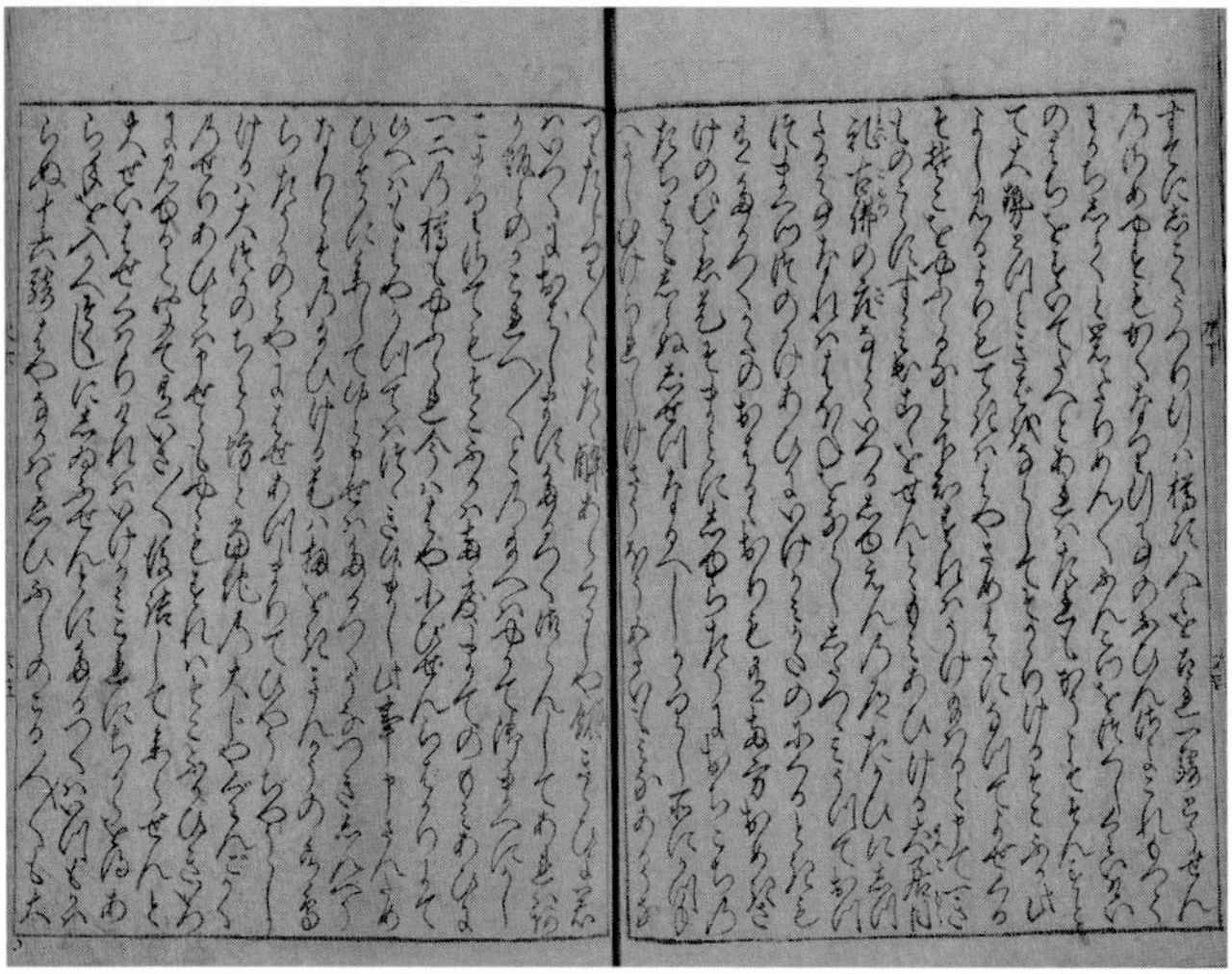

「犬居目礼古仏の座」『水鳥記』松会板　国会図書館デジタル

目　次

第一章　江戸の酒合戦

将軍の御膝下の江戸の酒合戦では、大師河原の酒合戦（慶安年間一六四八―五二）がまず挙げられる。開催の時期は慶安の初めである。開催地は現在の神奈川県川崎市（武蔵国の一部）だが、迎え撃つ池上家は、元は武蔵国荏原郡千束郷池上に居住していた。攻める地黄坊樽次は江戸大塚（文京区・豊島区にまたがる地域で、酒井藩下屋敷は文京区本駒込一・二丁目）に住んでいた。地黄坊樽次が著した古写本の『水鳥記』が評判となり、板本も次々出された。江戸の地誌で名所案内記『江戸名所図会』巻の四に小石川（当時）瑞鳳山祥雲寺は樽次の墓所と紹介される。明治期に現在の豊島区池袋に移転して現存するが、現在は別人（三浦新之丞樽明）とされる。今は漫画家の石ノ森章太郎氏の墓所の方が有名である。樽次の実際の墓所は、千駄木坂下日登山妙林寺にあったとされるが、明治に廃寺となり現存しない。池上方の大将池上太郎右衛門幸広底深の墓所は川崎市に現存という。江戸期に板本で広く知られが、最初の写本とは内容が変わっていた。催された時期が慶安二年から慶安元年となり、終結が和睦から底深降参と変わる。物語から伝説へと変化し、様々に伝えられていく。

大都市となった江戸へは、下り酒といわれる伊丹などの上方酒が大量流入する。毎日どこかで酒宴がひらかれていても、酒合戦と語り伝えるのは文化十二年（一八一五）の千住（現在の足立区千住一丁目）の酒合戦である。千住を江戸の内とするのは異論もあるが、拡張する江戸の範囲（御府内）は時期により変わっても、刑罰に定められた江戸払いの範囲は変わらない。江戸といって不審ではない。千住の酒合戦が知られたのは、酒問屋千代倉がスポンサーの酒戦会番付が作られたことと、大田南畝の「後水鳥記」のおかげである。後水鳥記を主体とした「闘飲図巻」が作られ、さらにこれを写した板本や「後水鳥記」を書写した書本（写本）が、貸本屋を通じて流布されていった。

これに近い時期の文化十四年に、江戸の盛り場両国柳橋の橋詰（台東区柳橋一丁目）にあった貸席万八楼で大酒大食の会が開催されたという噂が広がった。曲亭馬琴の『兎園小説』に記されて現在でも知られている。

文化期は豊作が続き米価下落で幕府は文化三年に酒造勝手造り令を発令した。長く続いた統制の時代から自由競争の時代となり、酒は生産過剰気味となった。天保四年（一八三三）から続く天保の飢饉で酒造制限が天保七年以降強化され、その後の天保の改革（一八四一—四三）の風俗粛正で、さらに酒合戦ということは聞かれなくなった。

それではいざ、江戸の酒文化の世界に。

第二章　大師河原の酒合戦（慶安の酒合戦）

一　山東京伝の『近世奇跡考』

山東京伝は、江戸後期の戯作者である。俗称の京屋伝蔵から京伝としたという。また住居が江戸城紅葉山の東方にあたるので山東という。北尾重政に浮世絵を学び、北尾政演として黄表紙の画工となる。黄表紙や洒落本で人気となったが、寛政の改革で洒落本の筆禍事件（「仕懸文庫」・「娼妓絹籭」・「錦之裏」が絶版）で五十日の手鎖の刑になる。読本に転じてから考証随筆に没頭する。その最初が『近世奇跡考』文化元年（一八〇四）刊である「英一蝶の伝」で苦情があり、後刷（国会図書館本）では二行半分が削られるが人気は高かった。文化十一年からの続編『骨董集』を刊行中に急死して、曲亭馬琴の『近世物之本江戸作者部類』では京伝は『骨董集』と討死したと評判された。

『近世奇跡考』　山東京伝

慶安の頃（江戸初期）、江戸大塚に、地黄坊樽次と云人あり。〔割註〕実名茨木春朔、某侯（当時は前橋藩の酒井氏）の侍医なり。

古今稀有の大酒にて、酒友門人甚だおほく、其頃名高き人なり。又狂歌をよみぬ。〔割註〕或伝、鶏声が窪（当時から大塚の一部）に居住のよし。
小石川柳町祥雲寺に、樽次の石碑（実際は三浦樽明の墓碑）あり。正面に不動（明王）の像をきざみ、右りに酒徳院酔翁樽枕居士とあり。左りに辞世あり。

みな人の道こそかはれ死出の山打越見ればおなじふもと路

南無三ぼうあまたの樽を呑ほして身はあき樽にかえるふるさと

台石に、延宝八庚申正月八日とあり。〔沾涼説（菊岡沾涼『続江戸砂子』）〕に樽次の遺骨を葬りしは谷中三崎妙林寺なり。樽次、実の法名は信善院日宗と云。祥雲寺の碑は、酒門の高弟菅任口と云者建しとぞ。
○おなじ頃。武州大師川原に、大蛇丸と云ふ富農あり。樽次におとらざる大酒にて、酒友門人おほく名高き人なり。其子孫今に栄ふ。
〔続さるみの（俳書『続猿蓑』）〕大師川原に遊びて樽次と云ふもの丶孫に逢て

その蔓や西瓜上戸の花の種　沾圃

〔頭書〕続猿みのに、樽次とあるは、底深とあやまりたがへたる歟。
○又おなじ頃、鎌倉にて甚鉄坊と云者あり。もとは真言宗の僧なりしが、還俗し樽次に医を学びて業とす。樽次、底深につゞきたる大酒なり。〔割註〕同房語園（庄司勝富編の『同房語園』には二種あるので、随筆は「異本同房語園」と称される）に、江戸吉原の医師県升見と云者、浅茅が原心月菴にて、大師川原甚鉄と酒戦勝劣なしと記せる、此坊が事なるべし。
○酒戦〔割註〕慶安の頃、大いにおこなわる。樽次、底深両大将となり、敵味方とわかれ、あまた酒兵をあつめ、大盃をもつて酒量たゝかはしめて、勝劣をわかつたはぶれなり。これは犬居目礼古仏の座（京板では「犬虎目礼木仏乃座」）などといふ法令（酒令）あるよし、水鳥記に見ゆ。
○蜂龍盃〔割註〕これ酒戦に用ひたる七合入の大盃（七合五勺入とも称される）なり。蜂と竜と蟹の蒔絵あり。させのまふ肴をはさむといふこゝろとぞ。底深子孫大師川原の某氏今に蔵す。
○水鳥記〔割註〕二巻あり。樽次の自作。底深と酒合戦の戯書なり。原本大師川原にあり。世に流布の印本二本あり。一本は寛文二年（七年の誤りかとも）京板。一本は江戸板。上木の年号なし。ともに絵入のかながき本なり。

〔蜂龍盃図〕ことばがき
予、いま大師川原にある
盃を見ずゆゑに、友人木村太朝がもてる
平砂の絵を、うつしてここに
あらわす、絵の上に賛詞
あり、左の如し

大塚の大酒官、地黄坊樽次
二子有が中に、次郎は太郎
よりよくのめばとて、家に伝ふ
る、蜂龍といへる盃をゆずるとぞ

酒にても　子を見ることや　花の時
　閑花林
平砂画並題（印）良珍

自画賛を描いた皐月平砂（二代）は、生没年が宝永四年—天明三年（一七〇七—八三）。号を閑花林、名を良珍、本姓は石川氏、字は美叔、別号に解庵。天保十二年刊の竹内玄玄一『続俳家奇人談』にはつぎのように記される。

『続俳家奇人談』

皐月平砂は江戸の人、貞佐（初代平砂・桑岡貞佐）が門人なり。その頃の知識にして、人その道の荊《けい》棘《きょく》（イバラの道）をとふに、こたえずという事なし。すこぶる和漢の書に渉れる（渉猟）。ある時、句の前書に、清国の先帝対聯の文に（日月ヲ燈トシ、江海ヲ油トシ、風雷ヲ鼓板（太鼓）トス。天地第一番ノ戯場（芝居）、尭舜ヲ旦（女形）トシ、文武ヲ末（立役）トシ、莽操ヲ中浄（実悪）トス。古今許多《あまた》の脚色《しくみ》）と。

この大記号《おおなだい》をあぐれば、日本天竺の評判師、東西東西と声かけて、

　月雪や隣りの座には釈迦如来

また左伝介之推《かいしすい》（文公の臣下）が事を思ひて、（母と山に隠棲したが、戻らせるために文公が火をかけ二人とも焼死した故事）

　かくれよと母よりよばる秕《しいな》（実の無い籾）かな

史記陳余が伝を読みて、（張耳陳余伝・万死を出でて一生に遇う）

　千金の直《あたい》ほどにちるや花の友

その作、棟に載する（一番上にのせる）とも尽くることなし。著す所の而形集《じぎょうしゅう》（俳諧而形集）世に行はる。続而形集いまだ刻せず、いまの平砂（三代）が家に伝ふ。

　本文中「某侯」と伏せてあるのは、出版令で他人の家系や先祖に関する臆説が禁止とされるので、手鎖の刑になった京伝は用心したのだろう。また「或伝、鶏声が窪」という「或伝」がわからない。『地黄坊事蹟考』に「鶏声が窪」の記載があるが、『事蹟考』自体が『近世奇跡考』の名をあげて引用している。『事蹟考』は複数の資料を引用していて、同じ様な内容が重複して「酒徳院殿酔翁樽枕居士」と「酒徳院酔翁樽枕居士」が混在する。後出の大田南畝『家伝史料巻八』では「其比大塚といへるは、今の鶏声が窪なり」とあるのは『水鳥記』に大塚とあるのは今の鶏声が窪ということらしい。ということは「或伝」とは『水鳥記』で、それを京伝の時代は「鶏声が窪」と言ったのだろう。「某侯」の本文中の

著者注記は短くしたが、正確に表記すると、「もとは厩橋藩ともいわれ慶安の初めに前橋藩と称するようになった、当時の藩主は酒井河内守忠清で慶安四年に雅楽頭となる」となる。『水鳥記』の注記も短くしたが、正確には「寛文二年京板は発見されていないので、寛文七年京板の誤りと思われる」となる。『近世奇跡考』の「凡例」に考証の方法記される「たとひ片言隻辞といへども、たゞしき拠を得ざればいはず。奇を好にすぎて、あらぬ虚譚を述、考へ疎にして口碑の誤を伝ふる説とおなじく見ることなかれ。しかにはあれど、予が考のあたらざるものおほからめ。そは後鑑を俟てあきらかにせむのみ。」（ささいなことであっても、典拠が得られなければ載せない。奇を好むあまり、妄説を述べ、実証しないで誤った言伝えをそのまま伝えているものと一緒にしないでほしい。しかしながら、私の考えに妥当でないものもあるかもしれない。それは後の見定めにより確かにしよう）。

また「凡例」には「証とすべき古画あれば、原本をすきうつしにして、露ばかりもたがへずあらわせり。古画なきは其代のおもむきを考へて、あらたに画しむ。古画と新画とは、画風を以てわかち見るべし。古画はすべて予が自画なり。覧者あやまりて、予が筆のつたなきを画者におふする事なかれ。」（資料となる古画があれば、原本を透き写しにし、古画がないものは当時の様子を考えて新たに描かせた。古画と新画は画風で見分けてほしい。古画はすべて私（京伝）が自ら描いたものである。画が拙いのは私のせいであり、絵師（喜多武清）のせいではない。）。

他はともかく、「地黄坊樽次酒戦」への考察には不審がある。祥雲寺の石碑と谷中三崎妙林寺の記事は菊岡沾凉の『続江戸砂子』を見てのことだろう。祥雲寺の石碑は酒徳院酔翁樽枕居士とするが、実際は「酒徳院殿酔翁樽枕居士」で、谷中三崎妙林寺も正しくは、千駄木坂下町妙林寺である。資料に頼り現地は見てない。『続江戸砂子』自体が『増補江戸惣鹿子名所大全』をそのまま引用している。後に刊行された『江戸名所図会』も同様で言伝えが流布される。さらに平砂の「蜂龍盃図」は大外れ。京伝は大師河原まで行ったが、蜂龍盃を見ることができないので平砂の絵を写した。まず画賛が不審、蜂龍盃を伝えるのは池上太郎右衛門底深のところなので、樽次がよく飲める次郎に伝えたというのは奇妙だが板本では確かにそうなっている。古写本では底深が伝えるとなる。しかし、図は現在伝わるものと異なる。これは平砂の絵の採用自体が全くの誤りである。

二　喜多村信節の『筠庭雑録』

江戸後期の考証学者喜多村信節の自筆本と写本で知られる『筠庭雑録』（文化・文政期）にも「水鳥記酒戦盃」の項があり、盃図も写される。盃の大きさが判るほか、真上から写した全体図なので図柄がよく判る。『近世奇跡考』の蜂龍盃と比べると蜂の四枚の羽が長く蜻蛉の様に見える。龍の姿も向きが異なる。あらためて、川崎市市民ミュージアム編『大江戸マルチ人物伝　池上太郎左衛門幸豊』図録にある蜂龍盃と『池上文庫』「水鳥記」にある蜂龍盃は同一の物と思われ、『筠庭雑録』と類似する。記事の末に、池上太郎左衛門幸豊の書付が写され、和歌の師である冷泉為村に長歌と盃の写しを贈ったとある。『大江戸マルチ人物伝　池上太郎左衛門幸豊』図録に、幸豊が冷泉家に書き送った書簡の控え『京進書札留』の一部を掲載する。「明和六年五月一日「盃之記」清書献上、六月二十一日「水鳥記」も盞に添えて清書献上する旨仰せを蒙る」

『筠庭雑録』喜多村信節

慶安の頃、地黄坊樽次と大蛇丸底深と酒戦の事を、戯れにしるしたる水鳥記二巻あり（割註：板本二種）水鳥は酒ノ字の謎なり、樽次は茨木春朔といふものにて、酒井侯（割註：雅楽頭）に仕へて、（割註：医師なりといひ、又茶道也ともいへど、医者といふかた従ふべくや、水鳥記の趣是に近し）大塚の邸にあり、底深と酒戦して利を得し（勝利し）事を、人の請によりてみずから著はせり、小石川戸崎町瑞鳳山祥雲寺住僧は、酒徒従遊にてありしかば、樽次没後十余年にして、寺内に石碑を建、（割註：これ樽次存生に約せし故と聞ゆ）正面に不動の立像を刻し、右に、法名は酒徳院酔翁樽枕居士、左に、辞世の詠二首、（割註：皆人の道こそかはれしでの山打こしみればおなじふもと路、南無さんぼう数多の樽を飲ほして身はあき樽に古里）台石の蓮花の中に、延宝八庚申天正月八日とあるは、此碑を建し日なりとぞ、まことは寛文十一年辛戌（正しくは辛亥）四月七日没す、駒込千駄木坂下日登山妙林寺に葬る、（割註：江戸砂子に谷中妙林寺とするは非也）今妙林寺は天台宗となる、いかゞしけむ、墓石なし、只位牌遺せり、（割註：法名は信善院日宗と云）これには信善院霊とあり、傍に地黄坊樽次是なり、としるし、又旁に、伊原《ママ》城七右衛門、と有、（割註：或云、七右衛門は春朔が子なるべし）

○底深と異名せしは、大師河原の村をさ太郎右衛門といへるがとをつ祖太郎左衛門が事也、底深が三男太郎次郎といへる者、池上村に新田をひらき、これに住て邑長となりけるに、底深後には太郎次郎が方に隠居したりとなむ、是に因て、池上太郎左衛門とはいひけるとぞ聞えし、太郎左衛門の家に水鳥の記三巻、古き写本にて、巻末に慶安三年五月と有、又、件の酒戦に用ひし大なる盃、また、其頃設けたりし制札の半ば破れたるあり、(割註：又明和五年、公より苗字帯刀免許ありし悦びに、酒宴設て彼大盃を用ひし詞書なども有)又此物どもを、やむごとなきかたの御覧ありける時のことばけるなど添たり、其器物の図、書物ども、聊か爰に写す、(割註：筠庭主人云、水鳥記あるによりて、底深が名も不朽に伝ふ、されども、此記は渠が為には恥辱甚しきものなり、これ所謂芳を伝ふる事あたわず、臭を遺すのたぐひなり)

制札半片、板目おち入、文字高く浮めり、板竪二尺六寸計、横は中ほど五寸、端にて三寸八分。

［蜂龍盃図］口絵参照・寸法の記載。

○酒戦盃之図

盃差渡し八寸(約二十四・五センチメートル)、深さ一寸二分(三・七センチメートル)、縁厚さ五厘余(約一・五センチメートル)、朱塗金蒔絵へり金いかけ(金蒔絵)、龍も虫も目玉銀粉。

図は、呑む、さす、肴をはさむの謎画なり。

○盃底之図

差渡し外へり二寸二分(約六・七センチメートル)、高さ七分五厘(約二十二・八センチメートル)、厚さ五厘(約一・五センチメートル)。

此蜂龍の盃は、水鳥記には、樽次が家珍なり、池上氏にはいかゞして伝わりし歟、右書戯作ながら、樽次が二郎ゆづり受たり、とあり。

盃に添たる書もの、内に、太郎左衛門幸豊が長歌あり、もち伝へたる盃のことを記して、継典の御主まで見せ侍りけるに、御覧ぜさせ給ひて、御ことの葉をそへさせ給ひ、御短冊をさへたまはりければ、そのかしこまりを、かの御主のもとまで申奉りけることば、ふくかぜの、をとせぬ枝にふる雨と、時をたがへずしづかなる、御代をあふぎて幾千世の、ながきためしを汲酒の、ながれを今にうけつぐや、百年あまりの廿とせの、春秋めぐるさかづきを、さゝげまほしくおもへども、多の人の手にふれて、ふりにしものは恐れあり、いかゞはせむとこの道の、たくみがもとにはかりつゝ、あらたにこれを造りなし、奉らむとひたみちに、思ひたてども田夫が、いやしき身にははゞかりの、関の隔てぞこへがたき、しかはあれどもことのはの、深き恵みにおく露の、かゝる光をよすがにて、慶安きいにしえの、面影うつすうつしゐに、画ける蟹も蜂すらも、龍にしたがひもろともに、そらにのぼらん心ちすゞしも、さかづきのかげもくもらで今よりは都のそらに千世やめぐらむ、（割註：めでたさをかさね、まことにめづらしきすがた幾久しくも）さかづきはちとせの契りかくて又夕つきずつたへむ末をはるかに。明和六年五月よき日（花押）（「日本随筆大成本」には翻刻されない）

信節は、樽次の墓所を妙林寺と認める一方で、祥雲寺の石碑は供養塔とこじつけ、命日を建立日と解釈する。だが法名の違いは説明しない。ここから信節は迷走する。妙林寺に位牌はあるが、石碑はないとする。釈敬順『十方庵遊歴雑記二編』（文化十二年序）同様に見つけられなかったのだろう。幕府が実施した寺社書上『御府内備考続編』には妙林寺（文政九年書上）の記載に「地黄坊樽次墓　墓碑銘無之長一尺五寸」とあり存在していた。さらに底深は大師河原の村長太郎右衛門の先祖太郎左衛門と誤っている。先祖の底深は池上太郎右衛門幸広で、池上新田を開いたのは池上太郎左衛門幸豊である。隠居して池上新田に移った後に池上新田の名主を代々太郎左衛門名乗るようにして、大師河原村の名主を代々太郎右衛門にしたのも太郎左衛門幸豊である。池上家は太郎右衛門と太郎左衛門を交互に名乗っていたので混同した。「太郎左衛門の家に水鳥記三巻古き写本で巻末にて慶安三年五月と有」とするが、写本自体は見ていない。太郎左衛門の家に伝わる慶安三年五月の刊記をもつ古写本は上下二巻のものである。信節は『水鳥記』は江戸板の三巻本しか見てない。板本では「底深が降参」で、古写本は「底深と和睦」となる。「筠庭主人云」と記す信節の意見は、「水鳥記」は底深にとって「恥辱甚しきもの」だとする。「底深が降参」という板本しか見ていない。

日本随筆大成本の「筠庭雑録」は写本を底本としているようで、自筆本にない書込みがある。信節によるものと思えないが興味深い。「水鳥記ヲ按ズルニ、コノ盃ハ樽次ガ家ノ器物ニテ、制札モ彼ガ立タルナリ。然ルニ、池上氏ニコレアルハイカナル事ニカト思フニ、底深ガ病ニ臥セルヲ、樽次、コレガヤマヒ癒ン事ヲ薬師ニ祈リシカバ、本復シテ酒戦ニ及ビケルヨシナリ。コレハ池上氏オモク病メル事有テ全快ヲ得タルハ、茨木ガ治療ニテモアルカ。サナクトモ酒友ナレバ、コノヨロコビノ酒宴ニ招カレ、此事ヲ戯文ニ作レト乞ハレテ書ケルナルベシ。池上ガ負ケタル事ト云々。其アツラヘニヨレル事ト見ヘタリ。」（水鳥記のことを考えると、この盃は樽次の家の物で、制札も樽次が立てた。それなのに池上家にあるのはなぜかと思う、底深が病に臥せるのを、樽次が病を癒すように薬師堂に祈り、本復して酒戦におよんだ。この底深が全快したことは、樽次が治療したのではないか。そうでなくとも酒友なので、この快気祝の酒宴に招かれ、この事を戯文に作ることを乞われて書いたのだろう。池上の負けというのはなぜか。底深の希望によるものだろう。）この注記を書いた人も板本だけ見ている。古写本では、蜂龍盃は池上家に伝わるもので、「底深と和睦」の結末も知れば、ふに落ちて納得することだろう。

三　大田南畝の『家伝史料巻八』

大田南畝は著名人の伝記史料をまとめていたがその中には、地黄坊樽次の伝もある。南畝も『奇跡考』を見ていた。国立公文書館蔵の山東京伝『近世奇跡考』文化元年刊は南畝旧蔵書であることが知られる。南畝の蔵書は後刷本や端本が多いといわれるが、実際に手に取ると美本である。『近世奇跡考』に南畝は蔵書を提供していることから、京伝から贈られたものと考えられ、できてまもなく手にしたものであろう。この本は南畝書入れ本としても知られている。十箇所の書入れの一つは「巻五　第十三地黄坊樽次酒戦記」に「一本ハ酒戦談トアリ」とある。南畝は続編『骨董集』に序文を書いている。

『家伝史料巻八』大田南畝

地黄坊樽次

俗に伊舟城春朔と称する。酒井河州（河内守）の侍医なるよし。沾涼が江戸砂子にみえたり。又奇跡考に、古今希有の大酒にて酒友門人甚多く、慶安の比（頃）名高き人なり。又和歌をよみぬ。大塚に居住せし由は、水鳥記に見へたり。奇跡考には、或の説を載て鶏声が窪に居住すといへり。其比大塚といへるは、今の鶏声が窪なりといへり。そは水鳥記樽次道の記の條を見て知るべし。又江戸砂子、奇跡考ともに、酒門の高弟菅任口が建し碑、小石川祥雲寺にあるよし見えたれど、そは誤なるべし。樽次が墓は谷中妙林寺に墓あり。位牌あり。

俗云、地黄坊樽次是成

寛文十一亥天

信　善　院　日　宗　霊

四月初七日

施主　伊舟城七右衛門

祥雲寺過去帳に、

酒徳院殿酔翁樽枕居士、延宝八年庚申正月八日、三浦源右衛門親父。父樽枕、親父樽枕家来などの法名をのせたり。樽枕俗称考べき事なしといへども、三浦氏たる事は明也。また物故の年月同じからざれば、樽次樽枕別人たる事明けし。己同僚の山本雅直が祖母は、伊舟城八左衛門が女なり。八左衛門は樽次が子なり、七右衛門は八左衛門なりやたづぬべし、酒井雅楽頭の臣なり。三浦源右衛門は小笠原飛騨守の臣にして、無眼流の剣術を指南なせし由、祥雲寺長老物語なり。安倍摂津守の臣反町伝蔵、三浦が跡をつぎ、今に剣術指南せしよし。

菊岡沾凉続江戸砂子巻三、地黄坊樽次の塔（墓碑）、小石川祥雲寺にあり。碑の表に不動の像、右に酒徳院酔翁樽枕居士、辞世二首あり。

みな人の（以下は省略される）

南無三宝（以下は省略される）

樽次《だるつぐ》は、本名伊舟城《いばらき》春朔と号。酒井河州侯（河内守《かわちのかみ》）の儒医にして歌よみ也。水鳥記と云自編の書あり。我は武州江戸大塚に住居して、六位《むい》の大酒官地黄坊と名乗、晋の劉伯倫《りゅうはくりん》が再来也と、自《みずから》たわけぬ。かの水鳥記は、大師河原の池上太郎左《ママ》衛門底深《そこふか》と酒合戦の戯書也。○樽次遺骨を葬し所は、谷中の妙林寺也。法名信善院日宗と号、日蓮宗也。妙林寺は改宗ありて、天台に転《てんじ》て、此《この》祥雲寺の塔（墓碑）は酒門高弟菅任口、本名和泉屋左助播州出石《いずし》産、といふ者、芝居桟敷にて蜂龍の大盞（大盃）を付属（譲渡した）せし人也。後に桑門《そうもん》（僧侶）と成《なる》、浅草すは町に庵を結び、盞三坊と号す。其頃の院主に任口因《よすが》ありて、酒門をかたらい建たる塔なりと云り。かの盞三坊は近頃まで存命。享保十四の頃七十余にして卒す。

当代一の学識といわれた南畝は、樽次の俗称を伊舟城春朔とし、樽次の墓所を妙林寺と認め、祥雲寺の墓碑は三浦氏のものとする。樽次が大塚に居住するのは『水鳥記』にある。『近世奇跡考』はある説により、当時大塚は（酒井雅楽頭下屋敷のある）今の鶏声が窪だと解説する。南畝没後にでた『江戸名所図会』巻の四に「大塚　小石川原町の辺りより護国寺の辺迄の惣名なり。（割註：古へは大塚の地、東西に分つて、甚広莫の地なりしとなり。鶏声が窪の辺は東大塚にて、此辺西大塚と称せしと也）。」とあり、また近江屋板切絵図の嘉永五年「白山駒込辺之絵図」の酒井雅楽頭下屋敷の前の通りに「此の辺ケイセイカクホ」と記される。樽次の住居は酒井雅楽頭下屋敷の中ということである。菊岡沾凉『江戸砂子』に酒井雅楽頭下屋敷の向い側の土井大炊頭下屋敷にある伝説を記す。夜ごとに鶏の声がするので、土井家で屋敷内の塚を掘ってみると金銀の鶏が出たという。住居表示改正前の表示は駒込曙町で、曙は鶏声からでた名である。現在は文京区本駒込一・二丁目のうちである。絵図の下に「此上追分」とあり、駒込の追分を示す。奥州街道（現在の本郷通り）と中山道（現在の白山通り）の分岐点である。樽次道行に、大塚を出発してほどなく追分宿というのがこれだ。

南畝の記事の妙林寺位牌以降は、間宮士信『地黄坊樽次考』を引用している。樽次考の記事に重複があり、表記にブレがある。ブレは「酒井雅楽頭」と「酒井河州侯」そして「酒徳院殿酔翁樽枕居士」と「酒徳院酔翁樽枕居士」である。

四　地黄坊樽次『水鳥記』の概要とあらすじ

『水鳥記』は、『近世奇跡考』に「世に流布の印本二本あり」と記される板本は、一つは、京板（上方板とも）二冊本（寛文七年五月中村板）と、もう一つが江戸板三冊本（無刊記三月松会板）である。京板の改題本「楽機嫌上戸　たのしみきげんじょうご」五冊本（宝暦十四年）だが、国会図書館本は合冊二冊本に改装される。江戸板の後刷本には合冊一冊本がある。この他に板本が成立する以前に存在する古写本がある。

「世に流布の印本二本」の板本の内容はつぎの四点で一致している。
（一）蜂龍盃は樽次の家に伝わる物
（二）南河原の斎藤伝左衛門忠呑の所で五カ条の制札を立てる
（三）底深の平癒を樽次薬師堂に出願の日付は慶安元年八月十日（出陣を決めた日）
（四）底深が降参
一方で、池上家に伝わる古写本は、つぎのようである。
（一）蜂龍盃は底深の家に伝わる物
（二）五カ条の制札の記載はない
（三）底深の平癒を樽次薬師堂に出願の日付は慶安二年四月廿日（出陣を決めた日）
（四）樽次は底深と和睦
以上の四点で比べると、似通った別の本のように見えてしまう。『假名草子集成』「水鳥記」の花田富士夫氏の解題は板本同士の比較、古写本との比較を丁寧にされる。花田氏の見解を要約すると「上方板は池上家蔵古写本系を基にして上刻したものと判断され、上方板の方が古態を有している。一方で江戸板は語句が酒関連の用語に転じて、より酒戦談としての趣向を加えた感がある。」

花田氏が指摘されない箇所がある。酒令の表記である。江戸板の「犬居目礼古仏の座」と京板の「犬虎目礼木仏の座」である。両方とも「けんこもくれいこぶつのざ」とふりがなが付けられていて、「犬」の字体は「横棒の下に点が打たれる異字体」である。児玉幸多『くずし字用例辞典』で確認すると、

「犬」には「横棒の横に点が打たれる字体」までの用例だが、「伏」・「状」・「吠」等の用例には旁の「犬」が「横棒の横に点が打たれる字体」も「横棒の下に点が打たれる字体」も存在する。

池上家蔵の古写本系の絵巻（『池上文庫』「水鳥記」）の中道等氏の解題では古写本の酒令は「大虎目礼木仏の座」であるとしている。京板の「犬虎目礼木仏の座」は「大虎」の誤写によるものとする。筑波大学図書館蔵の『水鳥記』は、池上太郎左衛門蔵、文化十三年写の古写本で、画像公開されている。酒令は「犬虎目礼木仏の座」で「犬」の字体は「横棒の下に点が打たれる異字体」である。中道等氏の解題と翻刻だけでは納得しがたい。筑波大学図書館蔵『水鳥記』の表記が正しのではないか、「大虎」では意味不明である。大酒呑みを「大虎」は近代語（小峰大羽『東京語辞典』一九一七年）で不審である。

京板の国会図書館本『楽機嫌上戸』の「犬虎目礼木仏の座」の酒令部分の書込みに「順グルリ逆グルリ連山賊ニ府中雀犬虎平伏仏之座、虎疑ラクハ狐是」（東から西から来る山賊に京都の事情通は神仏に平伏するという、虎というのは狐のことではないか）。この書込みは興味深い。「犬虎《けんこ》」では意味不明だが、「犬狐《けんこ》」ならば、三峰神社の社前には「山犬・狼」が、稲荷神社の社前には「狐」がそれぞれかしこまっている。

樽次は松原に到着のとき、鳥獣が騒ぎ立つのに気が付くが、「虎狼野干《ころうやかん》」が騒ぎ立つとしているのに疑問にかんじる。野山にいるのは「狐狼《ころう》」なのではないか、用例（平家物語二）では「竹林精舎、給孤《ぎっこ》独園も此比《このころ》は狐狼野干の栖《すみか》となつて礎《いしずえ》のみ残らん」とある。また別の用例（太平記十三）に「前には虎狼《ころう》の怒れるあり、後には熊羆《ゆうひ》の猛きあり」がある。「虎狼」は残忍のたとえ、「熊羆」（ヒグマ）は勇猛のたとえである。『水鳥記』には、『平家物語』と『太平記』からの引用があるので「狐狼」と「虎狼」の混同と考えられる。
江戸板の「犬居目礼古仏の座」は、「犬虎目礼木仏の座」では意味不明なので、版元の書換えではないか。喜多村信節『嬉遊笑覧』付録に「犬居目礼古仏座」をつぎのように解説する。「犬居の如く居る也。目礼は字の如く、目にて聊かゑしやくするのみ、古仏座はすこしも動かず居る、みな無礼講のふるまひなるべし、なめげなるを、此会の法とするなるべし」とある。諸橋轍次『大漢和辞典』の犬の項目に「犬居目礼古仏座」を採録、喜多村信節の説と典拠「嬉遊笑覧付録」を載せる。「犬虎目礼木仏の座」も「犬狐目礼木仏の座」と読み替えれば、信節の説も通用できるが、大田南畝を咎めていて、信節が古写本の「犬虎目礼木仏の座」を見ていたら、考証学者の信節がどのように解釈したか興味がある。
『筠庭雑録』に「其頃設けたりし制札の半ば破れたるあり」・「制札半片、板目おち入、文字高く浮めり、板竪二尺六寸計、横は中ほど五寸、端にて三寸八分」と制札の記事がある。日本随筆大成本『筠庭雑録』の写本の書込みに「コノ盃ハ樽次ガ家ノ器物ニテ、制札モ彼ガ立タルナリ。然ルニ、池上氏ニコレアルハイカナル事ニカト思フ」（蜂龍盃は樽次の家の器物で、制札も樽次が立てた）と「茨木ガ治療ニテモアルカ。サナクトモ酒友ナレバ、コノヨロコビノ酒宴ニ招カレ、此事ヲ戯文ニ作レト乞ハレテ書ケルナルベシ」（樽次が治療したのではないか、そうでなくとも酒友ならばこの喜びの宴に招かれ、この事を戯文に作れと乞はれて書いたのではないか）
制札の不思議は、『池上文庫』「水鳥記」の中道等氏の解題に「『江戸名所図会』巻二、蜂龍盃の後条に（中略）、慶安元年八月としてあるが、制札には瞭かに慶安二年五月と見える。（中略）制札にかようにあるからには、この酒戦は慶安二年五月のこと、せねばならぬ」。古江亮仁氏『大師河原酒合戦』は「(古写本)酒合戦は慶安二年四月中に行われたとあるが、制札の五月が正しいとすれば合戦の行われた時期についても疑問が出ることとなる」。『假名草子集成』「水鳥記」の花田富士夫氏の解題は「(古江亮仁氏著書に)五ケ条の制札の文面が写本にはないが、池上家には杉板の断欠そのものが保存されており(大田南畝も『調布日記』に記す)、文面は七ケ条である」。いずれも制札の取扱いには苦慮される。

制札は、板本成立(寛文七年五月)後に作られたものと考えられる。古江亮仁氏著書は「断片の制札の方が当時実際に立て示されたものと認められ、従って他の一方は戯文を作る際にその一部をとって新たに戯作したものとみてよかろう。しかも慶安二年五月に誌した。池上本にはこのことが全く見えず、刊本にのみ見えている。それで刊本にして広く人に見せる際に興を添えるため池上家の制札の文に新たに潤色して南河原の忠呑邸の條に加えたものであることが窺える」とかなりの曲説を示される。古江亮仁氏は蜂龍盃や大蛇丸盃が見物客のために模造されたことを示す。同様に制札が新造されたのだろう。

池上本(古写本)と板本の関係は、古江亮仁氏は、三休子『梅花軒随筆』を引用して、「写本も多く流布するようになると、評判はますます高まっていったので、江戸や京都の書肆が黙視傍観しているはずもなく、樽次に乞うて出版することとなったものであろう」と解説される。古写本の巻末後跋日付の慶安三年五月(一六五〇)から板本の刊年の寛文七年(一六六七)五月まで十七年も経過して、樽次が板本に関与したとは考えられない。最初の版元「京都寺町　中村五兵衛」によって改変されたのだろう。

この京板の出版時期がなかなか微妙である。確認される最初の出版条令が、京都所司代から明暦三年

（一六五七）二月に町触れとしてつぎの一条として出された。

「和書之軍書之類、若版行仕事有之者、出所以下書付、奉行所へ指上、可請下知事」（和書の軍書の類い、もし版行（出版）する事が有れば、出所などを書き付けて、奉行所へ指上（届出）して、下知（指示）をうけるべく事）

この出版条令を紹介された中野三敏氏『和本のすすめ』で、「これは「軍書」と特定している辺りがいかにもと思われる。明暦三年は正月に江戸の大半を焼亡する大火に物情騒然となり、影響は当然京都にも及んでいた。しかもその数年前の慶安四年（一六五一）には由比正雪の事件があり、幕府の神経は極度に緊張していた。巷説の誇張ではあろうが軍法の師として正雪は門人四千人と称される。要するにここにいう軍書とは、家伝と称する兵法・軍学の書などを当面の対象とし、それに基づく騒乱発生の警戒であったのであろう」と解説する。『水鳥記』は戯作だが、実録体の軍書（軍記）のように見える。時期を変え、五ケ条の制札などを加えたのだろう。

由比正雪（由井正雪とも）の事件とは、正雪を首領とする浪人らが慶安四年に江戸幕府を転覆しようとした陰謀事件。三代将軍徳川家光のときまでの武断政治で大名の取潰しから浪人が増えた。家光が亡くなり、幼少の家綱が将軍となると幕政も空白状態になり、浪人らの不満が暴発した。一味の中に内通者があり事前に幕府が知り、正雪は駿府（静岡）で自刃、一味は壊滅した。実録体の慶安太平記で知られる。

中野氏は同書で十七世紀の著作権状況をつぎのように述べる。「仮名草子とよばれる通俗ものの世界では、同一内容の本の部分的な増補版や削除版、あるいは全く同内容の覆刻版（かぶせ彫り）などが出現し続け(『竹斎』などが好例であろう)、その他慶安四年初刊の家庭百科便利帳とでもいうべき『万聞書秘伝』や『塵劫記』などは、どれくらいの異版があるものか見当もつかぬほど続々に刊行されて、以後流行作家の皮切りともいうべき西鶴の諸作辺りまで、この傾向は続いている」という。

『竹斎』は、富山道冶作の仮名草子。二巻二冊。活字版は元和七—九年(一六二一—二三)成立。整版本は寛永三年(一六二六)から寛永十二年までに成立刊行。やぶ医者竹斎と下僕にらみの介の京から江戸までの道中記の形をとった滑稽文学。模倣作、影響作が続出した。『塵劫記』は、吉田光由著の日本初の算術書。寛政四年刊。実用書として歓迎されて版を重ねたが、「…塵劫記」と称する入門算術書も次々刊行された。

『水鳥記』概要のまとめ

作者の地黄坊樽次は前橋藩の侍医。本名伊舟城春朔。俗称茨木春朔。江戸大塚鶏声が窪の前橋藩下屋敷に住む。前橋藩は、もとは厩橋藩ともいわれ慶安の初めに前橋藩と称するようになった、当時の藩主は酒井河内守忠清で慶安四年に雅楽頭となる。樽次の墓は、駒込千駄木坂下日登山妙林寺(通称は谷中妙林寺)にあったが廃寺となり現存しない。作品は、跋文にあるとおり、樽次が酒友を誘い、川崎の大師河原村名主の池上太郎左衛門底深の屋敷での酒宴を軍記物のようにまとめた戯作。池上家に残る古写本は、巻末後跋日付が慶安三年(一六五〇)五月吉日と記される。勝負の開始時期は、薬師堂に願書を捧げた「慶安二年四月廿日」になる。勝敗は引分けの和睦。酒令は「犬虎目礼木仏の座」。蜂龍盃は池上家重代のもので池上家に現存する。また古写本には記載のない、慶安二年五月付の制札の断片が池上家に存在するが後補のもの（「慶安二年四月廿日」に影響されたか）。

板本は、京板で刊記が寛文七年五月の中村板と、江戸板で無刊記の三月松会板の二種が存在する。勝負の開始時期は、薬師堂に願書を捧げた「慶安元年八月十日」になる。勝負は底深の降参。蜂龍盃は樽次側重代のものとなる。制札の記載があるが、日付の記載はなく、現存のものと内容が異なる。酒令は、京板が「犬虎目礼木仏の座」で、江戸板が「犬居目礼古仏の座」に変わる。板本は、古写本を改作したもので、樽次には関わりのないものであるが、松会板は広く普及したので『水鳥記』といえばこれである。

史実と物語と伝説の違いを表わすものである。

樽次執筆の契機

執筆を思い立った動機は巻末の跋文（あとがき）につぎのようにある。

この草子を思いついたのは、近くの山里に私を知る人がいたことによる。治療のために医師（樽次は医師）のもとへ通うときなどに、酒宴で遊興する友人を一人二人誘い、かの里人と敵味方の二手に別れて、毎日のように闘飲した。その戯れを如何なる伝手か、ある玉簾のうちの高貴な方に聞え、その戯れの様子を、聞きたいと思し召した。


これは、前出の三休子『梅花軒随筆』にも見える。三休子は陸奥国棚倉藩士上坂平次郎といい、森銑三氏によれば、享保十一年（一七二六）の筆記という。

「武州川崎大師河原稲荷《ママ》新田の庄官池上太郎左衛《ママ》門底深といふ者大酒のよし聞伝へて、十三《ママ》人の酒友を伴い川崎へ行、二、三日逗留し長夜の飲をなしたはむれし有様、文才をふるひ水鳥記と題し梓にちりばめ、世のもてあそびとなりけり。藪間宗仁正勝という儒友の人を、川崎へ酒のみに罷候。いざ、せ給へと誘引しけるに、宗仁は、常住御相伴罷りなりしゆゑ、一夜泊りの他参難義、殊更酒いたくのまざればと伴はざりしが、水鳥記を写して置ける。後宗仁が住ける浜町の家へ春策《ママ》来り泊りけるとき、此書いかにと問へば、なるほど我等の書たるとて伝写しのあやまりを糺し加筆しけるを、愚老も又写しとりぬ。宗仁が伴はざるゆゑ、八王（子）の百姓喜太郎を加へ十三《ママ》人なり」。

（武州川崎大師河原稲《ママ》荷新田の村長池上太郎左《ママ》衛門底深といふ者が大酒呑みということを伝え聞き、十三《ママ》人の酒友を伴い川崎へ赴き、二、三日逗留し夜どおしの飲酒をした戯れの有様、文才をふるい水鳥記と題して板本にまとめ、世の賞翫のものとした。藪間宗仁正勝という儒学の学友を、川崎へ酒呑みに誘った。宗仁は常に傍を離れられない役目なので、一夜泊りの他はできない。ことさら酒を多く呑まないので一緒には行かなかったが、のちに、水鳥記を写し置いていた。後に宗仁が住む浜町に春策《ママ》が来て泊ったときに、此の書はどうですかと問うと、なるほど我等の書であるが、伝え写しの誤りを糺し、加筆したものを、愚老もまた写しとった。宗仁が一緒には行かなかったので、八王子の百姓喜太郎を加へ十三《ママ》人となった）

『梅花軒随筆』にも、「酒友を伴い川崎へ赴き、二、三日逗留し夜どおしの飲酒をした戯れの有様、文才をふるい水鳥記と題した」と跋文同様に記される。多少の誤記はともかく、、宗仁が写し置いた水鳥記を京板板本寛文七年刊（一六六七）だとすると、酒宴が慶安二年（一六四九）なので間隔が空きすぎる。宗仁が写したのは慶安三年成立の古写本の転写本、樽次が加筆訂正したものを、後年だいぶ経って三休子が転写したのだろう。古江亮仁氏の引用は、古写本の転写本の流布を示しているのだろう。

水鳥記 松会板《しょうかいばん》 梗概《こうがい》（あらすじ）

武州江戸大塚に、六位の大酒官、地黄坊樽次と名乗る大酒呑みがいた。全ての人を上戸（酒呑み）にすることを、酒法の教えを伝える手段としていた。樽次には家に伝わる蜂龍盃という大杯がある。この大杯は大酒の器量がある者に譲るしきたりで、太郎ではなく二郎に譲ったという。こうしているうちに、樽次の酒法は遠く離れた所まで流布するようになったが、ここに樽次を見下すくせ者が現れた。武州橘郡川崎に近い大師河原の池上太郎右衛門尉底深である。唯我独酒と称して、近郷の水鳥（酒呑み）を呑み伏せていた。ある時、底深の従弟の山下作内が江戸赤坂で呑み臥せられ、さらに甥の池上三郎兵衛が目黒不動で呑み臥せられ、それぞれ血を吐き、戸板に乗せられ帰つてきた。底深は、樽次が我が一門の者に血を吐かせたことに怒り、その坊主に血を吐かせてやると、すぐに出発しようとしたが、急に風毒腫という腫物が太股に発症して、その日は取り止めとなつた。

ここで、川崎の近く南河原の斎藤伝左衛門忠呑という者、底深に二心は無かったが、忠呑の姪が樽次の施薬で死を免れたことで、樽次に帰服し、底深の企てを注進に及んだ。樽次はそれを見て、大師河原に逆襲しようと、明日の出発を決め、忠呑に返信した。

翌日の夜明け前に樽次は大師河原に向かい、途中で神田明神に参拝した。これより駒を早め、品川に着いた。道すがら茶屋を見つけ、酒が有ると聞き、奥に入り遊君に酌を取らせた。時が過ぎ、店を出ると主人が追いすがる。樽次は和歌を詠んで答えるが、主人の返歌に赤顔の泥棒といわれ、憎まれ口を幸いに、代金を踏み倒し、南河原に向かう。

樽次が昨朝大塚をたち、その日の暮方着いたと噂がたち、各地の水鳥らが馳せ参じる。鎌倉の甚鉄坊を一番に都合十五騎、そのほか雑兵らが庭前に満ちる。樽次は赤坂の毛蔵坊を、底深への使者とした。毛蔵坊は底深の屋敷に着き、御使いと呼ばわり、底深と面会する。底深は、明朝ここに寄せるとは幸いである。病死するより、酒の敵と呑むのは、名を後代に上げられる。毛蔵坊は急いで帰り、樽次に報告する。樽次は思案して、底深の必死の覚悟に、たとえ勝負に勝っても味方の消耗も激しいだろう。ここは底深の本復を待とう。

翌日、馳せ参じた人々に、底深の本復まで、この地に逗留する。皆覚悟せよと伝える。

その頃、主忠呑は茶屋を建てていたが、にわかに酒林を立てた。樽次に面会して、忠呑は裏に酒の宮があると伝えた。樽次はうなずき、その日の正午頃に酒の宮に入った。人々が参ると、終日の酒宴をはじめる。その日の暮れ、甚鉄坊を呼び、暫しだが逗留戦には掟が必要と、これこれの五ケ条の趣の制札を立てるよう伝えた。甚鉄坊は承ると、文章家の毛蔵坊に書き記させた。制札が立つと、みなは厳密の掟と感じいった。

八月中旬になり、底深は次第に衰えていく。樽次はそれを聞いて、付近の薬師堂に願書を持参して、底深の平癒を願い高らかに読み上げる。すると地震で激しくて揺れて、薬師十二神像も一度にどっと頷いた。樽次は底深の命は万歳楽と帰る。

さても、底深の腫物は一夜のうちに平癒した。底深の喜ぶ事限りなし。樽次もこれを聞き、所願成就と薬師堂の方を伏し拝むと、早や出発だ。

その後、近習を集めて、これから大師河原に着くと日も暮れる、おのずと夜の勝負だ。夜分に鍛錬の人、先駆けを望むがよい。甚鉄坊が進み出て、夜分の働きに過失はないと、真っ先に駆けて進むと、樽次も出発する。毛蔵坊は押えの役で後に残る。

話は少し戻る。樽次は南河原の山の中で、人が木の枝に足を引掛け、逆さまになり、今様を歌っているのを見つけた。物の怪かと酒筒を投げ付けると転落した。山の麓に住む山家の者です、酒が好きだが、酔ってもすぐ醒めるので、逆さになって酔い心地になろうしていたという。名を問うと喜太郎という。樽次は名乗りを授けようと醒安と名付け、酒筒の酒を与えた。こうして樽次方は侍十六騎、大将ともに十七騎となつた次第である。

底深は、樽次の動きを知らず、病疲れの気晴らしに、一門を招き、宴席で乱舞していた。その座の酌取りの童子が突然、我は稲荷明神である。樽次が十六騎を率い、ただ今ここへ向かつている。乱舞の戯れは不覚であると告げた。

氏神のお告げに底深は大いに驚き、急ぎ与力を招いた。馳せ来るは、名主の四郎兵衛経広（常広とも）などの人々。これらを先頭に大勢馳せ寄せる。人々を招いた所に、底深は祝いの装束で現われ、我は年が寄り、大病もしたが、今宵は覚悟の上で呑む、我が空しくなる時は息子らを先頭に立て、父敵への本望を遂げさせてくれという。

この時、惣領の長吉底成は十一歳、進み出ていう。背水の陣にならい、細川を後ろに控え、前の小松原に大勢を隠し、一度にどつと襲えば、樽次が一旦引く事はないだろう。底深は頷き、早速出発だ。底深が席を立つと、長吉は父の袂に取付き、今の意見はどうかと問う。樽次は任せるという。留守を狙われるのはよくない。松原へは誰かを行かせ、あなたはここに居て、父の姿を見ていてください。

長吉は、名主の四郎兵衛を呼び、松原の大将を下知する。名主もご安心ください、たとえ余人が逃げ散っても、この常広（経広とも）は敵に後ろを見せませんと述べ、座敷をすくつと立つ。名主は松原に到着し、各所に隠れさせ、樽次の通過をまつている。

さて樽次は、難所を越えて、ようやく松原に着いた。樽次は鳥獣が騒ぐのに気づき、平塚の来見坊を物見に出した。来見坊は直ぐに戻り、五十騎ほどの水鳥らが草の上を固めていると報告する。樽次はそれを聞いて、由々しき事態だ。各自、東南の方角に散らばれ。藪の中に入り、軍勢の数を見せるな。まん丸の陣形で相手に襲いかかれ。樽次も藪のススキの根元に立ち、様子を見る、そうするうち、藪の手の人々が襲いかかる。松原の大勢は、慌て騒ぐ。さあ出番と樽次は姿を現わし、早く見たれと名乗りをする。

逃げ惑う中、名主の四郎兵衛は、大師河原で宣言した言葉の末が恥ずかしいと、とつて返し、逃げる様子もない。樽次方からも白髪混じりの男子が一騎進み出ていう。なんと殊勝である。いかなる人か名を名乗れ。応えなければ、こちらから。おまえは誰だ、これは樽次方の三浦新之丞樽明なり。名主はこれを聞いて、戦いによい相手だ。だが、私の気持を探るわけではないだろうが、すでに存じているだろう。名乗るのは止めよう。名主は大きくは動かない。三浦は相手を下に押付け、杯を奪い、樽次の前に報告する。樽次はあつぱれである。名主の四郎兵衛だろうが、杯は朱色のはず、黒いのは不思議である。

忠呑を呼ぶと、名主の四郎兵衛という。四郎兵衛は常々言つていました、若い武者と争い、負けて老武者と侮られるのは口惜しい。また常々言つていたが、本当に盃を墨に染めている。洗うと朱色に戻つた。

樽次は逃げる池上方を追い、大師河原に押し寄せる。樽次は底深の門前で、我こそ大塚の六位の大酒官地黄坊樽次と名乗る。底深も当地の大蛇丸池上太郎右衛門底深と応じる。

初手は樽次方の甚鉄坊で、その名乗りが面白い。鎌倉のいき村に寺を立てたが、飛び込んだ庭鳥を捩じ殺して、料理したが、天に目あり壁に耳ありでばれて、寺を追い出された。托鉢に出たが、悪事千里を走り、一飯も得られず餓死寸前を地黄坊に救われ、医道の弟子となつた。屋形に二階、三階を上げて、警戒厳重に見えるが、五戒を破つた入道に何の差支えもないという。この物語を聞いた全ての人が一斉に笑う。

池上方からも黒髭の男子が登場する。朝腹によく喰う、朝腹九郎左衛門（桶呑）と渾名される、藪にらみの脇見法師である。溜塗の大杯で上から下まで引き受ける。

甚鉄坊思うこれはだめだ。差向の勝負と飛んで入り、早くも一、二の酒呑みを押し破る。

底深は、甚鉄坊と引組むより、樽次だと先頭に立ち、推参推参と勝負を挑む。後ろの方から、山家の住人喜太郎醒安、樽次の御名代と進み出る。底深は、誰でもよいという様に、手元の大杯を飛ばすと、左の方に倒れ臥した。彼方に桶呑が半死半生の状態、此方に醒安が存命不定に見え、互いに、暫しの休みと引いた。

すでに地獄に移つた。樽次は人々を集め、醒安は不憫である。会稽の恥の雪辱だ。底深も敵は手荒い、そこを破られるな。一騎も残らず進み出て、もみ合いとなる。毛蔵坊は樽次に、もはや底深方は雑兵ばかりで、勝負にならない。樽次はうなずく。

ここで、近郊の水鳥ら稲荷神社で評定する。大塚の地黄坊と当地の大蛇丸、互角に競い合うが、池上方は押される。いざ後詰となり新手に加わると、樽次方を酔い臥せられる。

樽次方は変わらず十六騎だが、半ばは酔い伏している。今こそ自ら差出る時節だが、大勢の中に入ると、これこそ大将だ、討ちもらすなと、取り囲まれる。それでも樽次は、酒法の法王が様々に変化した姿を現す。底深と勝負という時、樽次は小杯の織部杯を取落とし、末席まで取りに行く。味方は捨ててくださいというが、織部杯を取返し、にこつと笑い帰る。飯嫌が何とも口惜しい振舞いですという。樽次は座興に織部杯を取り、これを敵に取られ、樽次は小蛇といはれるのは無念の次第である。

その後、樽次は毛蔵坊に醒安の行方を問う。醒安は夜半頃に底深と渡り合い、半死半生の様だが、掛合の最中で声をかけられない。如何にも覚束ないようだつたと伝える。醒安を探せと下知する。飯嫌も聞いて、毛蔵坊と探しに行く。建物の外に、醒安は黄羽二重で頭を包み、小屏風の脇にいた。二人で戸板に乗せて樽次の前に据え置く。五体真つ赤、体は役に立たない状態に、樽次は何という事だと嘆く。

この様に皆弱つたが、樽次の心は勇んでいる。その頃、池上方の内徳坊呑久が底深に申しでた。樽次は少しも弱つていない。味方は大勢だが雑兵ばかり。このままでは、この内徳坊も内損坊になります。この時期を伺い降参しましょう。速やかにと降参と、底深の腕を取る。力無く底深はひざまずく。樽次は底深殿も今は底浅になられたと侮る。

翌日、樽次は側に控える者たちに、この度の勝利は皆がひとえに上達し、また樽次に酒運が有った。もはやそれぞれ帰宅して、この程の疲れを癒すよう。皆喜び在所に帰った。

樽次は大黒という名馬にまたがり、大塚を目指す。この街道の無頼の者たちが、樽次の帰りを妨げようと、要害を造り、ウンカのように群れ集まる。されど物の数にもせず、強い伏せ強い伏せ通る。午後八時頃、青山宿に着くと、待ち構えているように見える。今樽次ここにおる。大塚の地黄坊と名乗る。宿の者ども、逃がすなと松明を取り、大騒ぎ。

なかでもサイカシ原の大六、大七の兄弟は、樽次をいけどりしようとする。樽次は思慮のない者だと大杯を飛すと、二人は左右に倒れ伏し前後不覚。宿の者ども、かなわないと村々に逃げ帰る。その間に樽次は馬に鞭を入れ大塚に帰る。

この威勢に畏怖して、貴賤男女を問わず日々に夜々に参り、徳を慕い周囲を廻る。たるにたる（酒呑み酒呑み）、やなにやな（旨い酒旨い酒）と言葉が重なるように感嘆の声をあげ繁栄する。果報めでたし。

五　『水鳥記』に倣った『続水鳥記』などの諸本

『水鳥記』に因むものには、式亭三馬の滑稽本『七癖上戸』文化七年刊が知られる。題簽が「雅名《みやびな》新水鳥記」とあり、その由来が『水鳥記』にあることは冒頭の「七くせ上戸」に「これを新水鳥記と号《なづく》ることは、嚮《さき》に水鳥記といふ冊子あればなり」で明らかにされている。それに続く由来文は、以下のとおり。

樽次が実名は茨木春朔とて、某侯の侍医なり。慶安の頃、世に名高き大酒なり。江戸大塚に住し酒

> 友門人多く、又狂歌をよみぬ。小石川柳町祥雲寺に碑あり。正面に不動の像をきざみ、右に酒徳院樽枕居士とあり、左りに辞世二首
> みな人の道こそかはれ死出の山打ちこえ見ればおなじふもと路
> 南無三ぼうあまたの樽をのみほして身はあき樽に帰るふるさと
> 台石に延宝八庚申正月八日とあり。一説に、ゆいこつをはうぶりしは谷中三崎妙林寺也。実の法名は信善院日宗といふ。祥雲寺の碑は酒門の高弟菅任口が建しとなん。底深は大師河原の富農也。其子孫今尚栄ふ云々。

『近世奇跡考』からの抜粋で『近世奇跡考』にあやかっているのは明白であるあるが、『近世奇跡考』自体が江戸の地誌である『増補江戸惣鹿子名所大全』（元禄三年、改訂版寛延四年）の「妙林寺」と「祥雲寺」の項を引用している。この内容は「続江戸砂子　三」（享保二十年）、『江戸名所図会』（文政十二年成立）にも引き継がれたが誤伝である。祥雲寺の墓は別人の三浦新之丞樽明のものである。祥雲寺は現在豊島区池袋三丁目に移転、樽明の墓も現存する。山門の前にある豊島区教育委員会案内板は「酒豪といわれた三浦新之丞樽明の墓」と明記される。谷中三崎《やなかさんさき》妙林寺は現存しない。小石川小日向（文京区水道端二丁目）の廓然寺の住職大浄釈敬順は『十方庵遊歴雑記二編』（文化十二年序）に祥雲寺を訪れ祥雲寺の墓は樽明のものとして、妙林寺（「千駄木の坂下にありて、新幡随院法住寺の西に隣る」とある）で樽次の墓を探したが発見できなかった。寺の者に尋ねても不明で樽次の位牌の戒名を写してきただけという。文政年間に幕府が実施した寺社書上『御府内備考続編』には妙林寺（文政九年書上）の記載がある。寺社から

書上を提出させるだけでなく、実地確認をおこなったという。『遊歴雑記』では樽次の墓を発見できなかったとしているが、文政書上には「地黄坊樽次墓　墓碑銘無之　長一尺五寸」とあり存在していた。また文政書上には「地處《ちしょ》千駄木坂下町に有之《これ》候得共、前々より谷中三崎町と書上申候」とあり、実際は谷戸川（藍染川）を隔てた西隣の千駄木坂下町にある。文政書上は法住寺の配置図があるので、安政三年「根岸谷中日暮里豊島邊圖」尾張屋清七板（復刻・人文社）で位置を確認すると、法住寺の西は往来と川で、小橋を渡ると町家があり裏に妙蓮寺という寺がある。伊能忠敬の文化十四年『御府内實測圖』（復刻・人文社地図センター）では同じ場所に明林寺《みょうりんじ》とあり妙林寺の当て字である。嘉永三年『谷中本郷駒込小石川辺絵図』近江屋吾平版（復刻）は法住寺の西に妙蓮寺がある。妙蓮寺は妙林寺の後の寺名と思われる。妙蓮寺は『本郷區史』昭和十二年刊（臨川書店　昭和六十年復刻）所収の「明治九年本郷圖」に新幡随院と並んで記されるが、『明治五年寺院明細帳』・『明治十年寺院明細簿』に記載がなく明治初年に廃寺になったものと思われる。法住寺は法受寺と名称が変わり他の寺と合併移転して足立区東伊興四丁目に現存する。谷戸川は暗渠となり道路になったが台東区と文京区の区界としてあり、三崎坂との交差点の東南部にあたる文京区千駄木二丁目三十五番が妙林寺跡と特定できる。

『七癖上戸』の内容は裏長屋や居酒屋での酔客の酒癖を描いたもので、飲みくらべとは全く異なる。巻末には新水鳥記二篇の広告があり、三馬が大病ののち、文化十年に『一盃綺言』として刊行したもので、前作同様に酔客の酒癖を描いているものである。

もうひとつ『水鳥記』に因むものに、酔仙世界教主虚生白真人《ひいさんはのまつと》の『続水鳥記』という近世初期の写本のみで伝わる散文がある。黒木千穂子氏「『続水鳥記』の作者」の調査により、その内容が知られるが、仮名序に「先に樽次が水鳥記は上戸との酒論。まろが書は下戸をすゝむるの引導。いづれ水鳥の左右のつばさのごとく酒の事をかきつゞくれば続水鳥記と名付けらし」とあり『水鳥記』に倣う戯文である。真名序から延宝七年に草稿がなり、仮名序から貞享元年に清書の完成があり、『水鳥記』の刊行時期（寛文期）に近いことがわかる。上総国山辺郡東金（千葉県東金市）を舞台に上戸方と下戸方に分かれて酒合戦をおこない、制札を作るなど『水鳥記』に極めて類似した内容である。ここでは肴を食さず酒を飲むを上戸とし、肴を用いて酒を飲むを下戸とする。『続水鳥記』写本のうち国立公文書館内閣文庫の叢書「墨海山筆」のものは次の跋文をもつ。

此書延宝の元本は散失し畢《おわんぬ》。反古《ほご》のうらに右の草書の有しを見出て、かいやり捨んもおしと、つゝりとゝめぬ。後の上戸、我と志の同しきものは酒飲時のなぐさめになれかしとなん。

此一巻以不忍《しのばず》文庫之本令書《れいしょ》写之 畢《おわんぬ》。弘化三年丙午三月

屋代弘賢《ひろかた》の蔵書を弘化三年に写したものだが、知られていないものであったようである。小山田与清は『擁書楼日記』文化十四年三月三十日に大田南畝から「後水鳥記図巻」を送られた際に「大田南畝がもとより、千住酒戦の事を記せし、続水鳥記をおこせぬ」と記していて、この『続水鳥記』のことは知らない。弘賢にならぶ蔵書家の与清でも知らないもので「後水鳥記」に影響したものではないようである。『水鳥記』に因むもので忘れていけないのは、右記にもある「後水鳥記」である。千住の酒合戦を戯文にまとめたもので、題名からして『水鳥記』に触発された。本文中に『水鳥記』の酒令を記す。当日

の掛け物の依頼を受け「犬居目礼古仏座、礼失求諸千寿野」という書を贈ったと後水鳥記に記している。信節は『嬉遊笑覧』で南畝は「犬虎目礼木仏座《けんこもくれいこぶつのざ》」と書いたが「犬居目礼古仏座《けんこもくれいこぶつのざ》」の誤りと指摘している。実際に掛け物となったのは「犬虎目礼木仏座」だが、後水鳥記では「犬居目礼古仏座」と書き直したようである。そしてさらに依頼があり後水鳥記を記し、図巻へと取りまとめられていった。

もう一つ、幻の『後水鳥記』がある。大田南畝の「後水鳥記」の調査で、岩波書店『国書総目録』現在は継承・発展されて国文学研究資料館の日本古典籍総合目録データベースを見ると東京大学に二冊あることになっている。東京大学総合図書館に一冊しか発見できないので調査係にお願いして調べていただいたが大学内にはないと回答をいただいた。『国書総目録』は現物確認ではなく、目録カードと所蔵目録から作成していると案内された。現物確認できたのは目録カード記載の物なので、古い所蔵目録を確認した。国会図書館デジタルコレクションに『東京帝国大学附属図書館和漢書書目目録、増加第2明治三十二年—四十年（自明治三十二年一月至仝四十年九月）明治四十四年十月引行が見つかった。その二六二頁に「後水鳥記、池上幸豊、写本、八—一五一六」の記載があった。池上太郎左衛門幸豊のものと思われるが、念のため『大江戸マルチ人物伝　池上太郎左衛門幸豊』の展示会を開催された地元の川崎市市民ミュージアムに問い合わせた。幸豊の『後水鳥記』の情報はないかと池上家に幸豊を名乗る者がほかに存在するかである。幸豊の『後水鳥記』は存知ない、幸豊は新田開発、砂糖製造などで有名な人で池上家に幸豊は他にいないという。池上太郎左衛門幸豊のものでよいが、現物がない。大正十二年の東京大学総合図書館は関東大震災で全焼しているので、この時失われたものだろう。

『水鳥記』現代語訳

東京堂出版『假名草子集成』第四十二巻の松会板「水鳥記」を底本にして、用語の確認のため同書京板と写本を底本とする絵巻物「水鳥記」『池上文庫』翻刻を参照した。言葉遊びや掛詞が多用されるので、文語体のままとした所もある。底深降参の事に、古写本の「底深樽次和睦の事」の部分を付録として加えた。

［水鳥記］松会板現代語訳

序

つれづれなるままに、日暮し、杯にむかいて、心のうつるままに、わけもない酒を何とも無く呑み尽くせば、奇妙に正気を失つてしまう。なんともう、この世に生まれては酒の呑めぬ下戸でないことが男子の良いことだと、吉田兼好が言うのを聞いた。とかく呑むほどに、呑み助の上戸の名が立ち、竜田（たつた）川の紅葉の落葉を焚いて、酒を温めたというのも我らのご先祖だろう。

その子孫として、いま樽次としてこの世に現れ、酒の起源を尋ねると、中国の杜康という人の妻が、癸酉（みずのとのとり）の年に初めて酒を造ったので「氵（さんずい）」に「酉（とり）」と書いて「酒（さけ）」と読む。これを「水鳥」の二字にあてた。

この物語も、酒の一字を広めるためである。これはお釈迦様が法華八講（樽次は日蓮宗なので挙げたのだろう）を説いたのも、妙の一字をのべるためと同様である。それらは一切衆生が地獄に堕ちる事を悲しみ、成仏するための仏法である。こちらは、全ての下戸の呑まざるを嘆いて、上戸へ引入れんための酒法である。あちらは天竺国でのお釈迦様の慈悲。こちらは我が国での樽次の情。国こそ違え、世こそ変われ、人を教化して、民を救う方便は瓜二つ。二つに割つた瓜の奈良漬の類いと同じである。そのうえ、仏法には、飲酒戒で酒呑む事を戒めるが、天竺国の末利という女人には、お釈迦様が自ら酌をしている。我は人の不平を嫌う。世俗の諺に似た教化であるので、無用のものではない。貴僧、高僧が寄合えば、ついには戒を呑み破ることだろう。

かくて五戒のうち、一つの戒を破れば、あとは四海（しかい・四戒）波静かにて、国も治まる時津風（謡曲・高砂の詞）と、謡い楽しめるのも、これみな水鳥の業なので「酒」と名付けた。

水鳥記目録　章題（「付」は付けたりと読む）『太平記』に倣ったもの

一　大塚地黄坊樽次由来の事并威徳
二　樽次底深の一門らに吐血させた事付底深立腹
三　斎藤伝左衛門尉大塚へ急いで手紙を届ける事付同じく返信の事
四　樽次道行の事
五　在々の水鳥ら南河原へ馳来る事付底深住所へ使者を立てる事
六　五カ条の制札を立てる事
七　樽次薬師堂へ願書込める事
八　底深本復付酒論
九　鎌倉甚鉄坊常赤先懸付醒安が事
十　底深乱舞の事付稲荷託宣
十一　底深与力を招く事付名主四郎兵衛松原へ馳向かう事
十二　樽次松原へ着く付来見坊物見の事
十三　松原手合の事付樽明高名の事
十四　樽次大師河原に付け入りの事付甚鉄坊名乗りの事

十五　甚鉄坊一、二の樽を飲破る付醒安飲臥せられる事
十六　近郷の水鳥ら底深に加勢する事付樽次織部杯を落す事
十七　樽次醒安を尋ねるさせる事付醒安歌詠む事
十八　底深降参の事
十九　樽次菅村に逗留の事付大塚へ帰宅の事
二十　村々里々一揆退治の事　（目録にあるだけで具体的な記載はない）

［一］大塚地黄坊樽次由来の事并威徳

およそ愚かなる心にも十八公（松の木）の威徳を考えるに、とこしえに色を変えず、君子の徳を現す名木なので、身分の低い者から万民に至るまで、めでたき事のみの松の御世である。されば。民の竈も賑わい、家々に酒宴の声。これぞ誠に天長地久、物事がいつまでも続く手本である。この御世もめでたき故に、ここに前代未聞の大上戸（大酒呑み）が一人出現した。

武州、江戸大塚に居住して六位の大酒官、地黄坊樽次と名乗る。由来を詳しく尋ねれば、晋の国の劉伯倫の魂魄が我が国に飛び来て、樽次となつて顕示した。一切衆生をことごとく上戸に引入れるための方便に、仮に顕れたものである。そもそも地黄という薬種は、酒に浸して、鉄気を忌む薬なので、我もその如く、朝暮酒に浸れども、鉄気にあたるを嫌い、地黄坊として出現した。

さて常に宮仕えする人ではないが、禄はあるぞと、六位（昇殿は出来ない位）の大酒官と称えた。いに

しえの大職官はかまたり氏（藤原鎌足）。いまの大酒官はかんなべ氏（酒の燗鍋）で、家重代の大杯がある。差せ、呑もうという心によつて、蜂に龍を描いたもので、すなわち蜂龍の大杯と称している。

然るにこの翁（樽次のこと）多くの男子を持つていた。二郎は太郎よりも優れてよく呑めるので、庶子ながら惣領を継ぎ、家の伝統の大酒を伝えた。大酒の器量があるので、この大杯を二郎に譲つた。この杯のならいで、庶子、惣領の区別なく、ただ酒に強い者に、譲り伝える例なので、太郎も恨みは無いだろうと申し聞かせた。

されば、この酒の道を楽しむ事、樽次のみにあらず。異国にも、孔子という聖人は、ひたすら酒は計り知れないと述べた。また白氏文集（中国の詩文集・白居易撰）には、死後に黄金を北斗七星に献じても、生前一樽の酒がよいという。林和靖（北宋の詩人・林逋）は胸中の悪魔（煩悩）を降伏せよと、詩につくり、越王勾践（臥薪嘗胆で知られる）は箪醪（飯と酒）を河に投げて戦に勝つた。そのうえ、酒は百薬の長で万の薬に優れると前漢（中国の歴史書・漢書）に著わされた。

もつともなことだ、冬の雪の降る寒い日に、これ（酒）を温めて用いれば、たちまち身体も暖まり、白雪が舞うのを見ても、春の花びらが舞うかと疑われる気分となる。また九夏三伏という、一年でもつとも暑い時期に、かれ（酒）を冷やして用いれば、そのままでも、周囲も涼しく、木々の梢も紅葉に変わるようで、秋になつたのかと思うようだ。このようにめでたき御酒なれど、縁なき衆生は下戸と生まれ、この楽しみに、外れることは無残であり気の毒だ。

[二] 樽次底深の一門らに吐血させた事付底深立腹

こうしているうちに、樽次の酒法は、遠く離れた国の端に至るまで、流布するようになつた。樽次に及ぶも及ばないもあるが、みなこの道に帰服して、なびかぬ上戸はなかつた。されども、ここに、樽次を見下す曲者が出てきた。それは、武州橘郡、川崎の宿から二十町ばかり脇に、弘法大師の自作の御影堂が建てられ、大師河原と言伝えられる。その村に、池上太郎右衛門尉底深という、無二無三の上戸がいた。

我は唯我独酒と披露して、近郷の水鳥（酒呑み）をことごとく呑み伏せ、九界（十界のうち仏界を除いた所）の猩々（人語を解し酒を好む怪物）とおごつていたところ、山下作内という底深の従弟が、ある時、江戸赤坂で地黄坊に三苦（無常に破れ）を被り、その座から血を吐きながら、戸板に載せられ帰つてきた。また底深の甥、池上三郎兵衛という者、立願の子細があつて、目黒不動に参詣の帰り、地黄坊樽次と寄合い、これも同じように吐血して、存命不定の状態となり、底深大いに腹を立てた。ここにあつて地黄坊が樽次と名乗り、我が一門らに血を吐かせたこと早く気付くべきであつた。どのように、その坊主に血を吐かせてくれようと、蟷螂（鎌切虫）が威嚇するように怒りを表した。すぐに出発しようとしたところ、急に風毒腫というものが太股に発症して、療治のため、その日の出立は取止めとなつた。

[三] 斎藤伝左衛門尉大塚へ急いで手紙を届ける事付同じく返信の事

ここに、斎藤伝左衛門尉忠呑という者が、深底方で南河原に居住し、川崎から十町（約一キロメートル）脇にいる。日々、底深に対して二心は持つていなかつたが、この度は心変わりして大塚の樽次に注進の飛脚を飛ばした。それはなぜかというと、菅村の佐保田なにがし酔久の妻は忠呑の姪であるが、一年ほど病で悩み、すでに魂の緒が離れるほどの重体であった時に、樽次が不老不死の妙薬を与えて、あぶない瀬戸際を逃れた。松の木の千年の寿ぎと争う気配となり、かの樽次ならでともてはやされた。忠呑もこの所縁に引かれて、樽次に帰服し、底深の企てを有りのままに飛脚で注進したと聞く。

かの書簡が大塚に着き樽次がとってみると、その文に曰く。

密かに文を捧げます。この辺りに池上太郎右衛門尉底深という者、大師河原に住居し唯我独酒と法を立て、夏は庭前に池を掘って酒をたたえ、首を傾けてこれを呑む。まさしく夏の桀の酒池牛飲（酒池肉林のもじり）ともいうべし。冬は酒を温めて桶に入れ、舌を垂らしてこれを吸う。例えると、大蛇が湖を干すにことならない。のみならず、大杯を引っ提げて近郷をせめまくり、若干の水鳥（酒呑み）ら、みなかれに帰服して、樽次に背く者多し。あまつさえ、かの一門ら恥辱をそそぐため、近日、大塚へ参入すべき風聞あり。はばかりながら、思案をされるよう、注進之状如件。

慶安元年八月三日

大塚地黄坊樽次公　御館において飯嫌殿披露

南河原の住人斎藤伝左衛門尉忠呑

と書いてある。

樽次はそれを見て、これは一向に気がすすまない。そうはいっても、この事をゆるがせにしては良くない。明日は寅の刻（午前三時頃）に出発して逆襲で勝負に勝とう。先ずは返事を出そうと、薄墨（宸筆に倣うもの）を用いて書いた。

珍重の書簡の到来。再三読み返した。よつて大師河原の住人、池上太郎右衛門尉底深、唯我独酒と吐き返すのみならず、夏の桀の酒池牛飲の真似事、近郷を走り回り、若干の水鳥らが我に背いて彼に従う事、歴劫不思議（永久に分からない事）の珍事である。あまつさえ、かの一門が恥辱をそそぐため、当地へ攻め入るの条、是非なし。さて、底深一門が我が宿所に取込のは、当座の出費、後日の内損、あれやこれや迷惑である。このため、思案すると、大師河原へ逆襲をかけ、勝負を決するよりほかはない。これは、人に先んずる企てにあらず。なお、その節案内せられるべきである。

同月日　斎藤伝左衛門尉忠呑殿への返簡　地黄坊樽次

と書いた。

[四]　樽次道行の事

ところで、樽次は妻の女房に近寄り、我この夜明け前に、大師河原に参ることにした。私に何事も無ければ、来月初めの頃、便りの文をつかわす。もしその頃を過ぎたら、浮世は上戸のならいで、杯の露と消えたと思つて、熟成した美味い古酒を手向けてくれと、別れを告げた。本来、樽次は小姓育ちの人なので、からきたぐい（から・韓国は別れの枕詞）を集めて、吸筒（酒筒）の重（大切なこと）に込めた。まだ暗い頃、大塚を出発し、ほどなくいつも酒手を追わけの追分宿も過ぎて、懲りずに酒を盛つた森川宿、それより進み、本郷通りに差し掛かり、湯島になれば深々たる森の中に甍を並べた神社がある。樽次は馬方を呼んで、これはどの様な神であると問うと、これは、昔は平将門、今は神田明神で一切衆生を救うと答えた。

樽次は大いに喜び、冷でも神酒なら頂きたい。神田と聞けば嬉しやと、馬より早く飛んでいく。社前にかしこまり、自ら如何なる者と加護を求め、大塚の地黄坊樽次と我が事なりと唱えた。何れの神の願よりも、神田明神と聞けば頼もしい。この度大師河原の競り合いに御法便（教えに導く手段）あれど、深く祈誓をかけた。まず諸願成就の契約に神酒を頂き申さんと、内陣へさつと入ると、神前にげにも錫の神酒徳利がある。すずなら振れという事かと、再三振れども、酒は無し。樽次は呆れてものも言わず。ただ歌だけを詠む。


当世は神もいつはる世なりけり神田といへど冷酒もなし

このように呟きつつ、馬を引き寄せうち乗つて、直ぐに行くと思つたが、いつの間にかすじかへばし（筋違橋＝現在の万世橋）を渡り、まだ夜も深くもとおり町、さかなははさまん、二本はし（日本橋）、詰れる人の坂尽きを、過ぐるはこれぞ中はし（中橋・明暦以前に存在の橋）と行けば、ほどなく、はや新はし（新橋）になりぬれば、増上寺も見えた。あの御寺のその内に、如何ほど強き上戸達の、如何にたくさんいるだろうかと、心に染みる衆生である。しばしここにしばさかな（芝魚と暫くの掛詞）。数を尽くして呑むほどに、持参の吸筒の酒も無くなつた。

更にこれより急げと、駒を早め、音に聞く品川に着いた。まず左手に満々とした広い海上に、上り下る漁師舟、彼方此方と漕がれゆくのは、波間に物思う。沖には鷗が群がり、立浪に身を任せ、眠りを催す有り様で、静かなること我に似ている、山谷（宋の詩人・黄庭堅の号）の筆の遊びを今こそ思い知らされた。

右手は大山の山並みが続き、何とも画趣があり描いたようだ。海も山も描ける名所なので、我が国はさておき、唐土、天竺でも、かほどの見所はよもやないだろう、一首を、このように詠んだ。

ゆんで（左）は海、めて（右）は山がそびへたり、うら山しとは是をいふらん
山に山が重なりて、大木は数しらず、枝を並べ葉を畳み、茂り合いたるその中に、見てさえも嬉しきは、まず我に酒を椎の木（しい＝強いる）や、今宵の泊まりに上戸ばかりありのみの、下戸は一人も梨の木（なし＝無し）の、名をきくのもいやのもちつづじ（能の望月・酒を勧め仇討）、いつさて酒盛に会うあふち（あうち＝楝）の木、悪事をはむ下戸どもにぬるでの木、我をば酒屋のかたへひいらぎ（柊）の、下戸の前をばもはや杉の角、上戸は我を松原の、子孫まで酒呑む事をゆづりは（楪）や、ならばは下戸も上戸になら（楢）の木の、酒手を安くうるし（漆）の木もあり、下戸は恥をかき（柿）の木の、我らが齢は永々しくもひさざぎ（ひさかき）の、思う事おつつけあすならふ（あすなろ）の木も有り。女三の宮に心をかけし、そのゆかりにあらねども（源氏物語の柏木）、人に金をかしは（柏）木の、金銀たくさん黐（もち）の木なれば、物を杏（あん）ずる苦もなくて、いつも心はさはら（椹）木や、我はここまで遥々ときたわ（きはだ・蘗）の木かなと、苦々しいしくも思いしに、やがて一揆を退治して、大塚へ楓（かいで）の木こそうれしけれ。

およそ江戸より川崎へ、四里半と聞いていたが、くりの木あるは不思議である。げに行つて帰る名なのだろうか、あらおもしろの道すがら向こうをしつかりと見ると、一町（百メートル程）先に、小さな坂

のような形の小屋が一つ見える。
樽次があれは仏堂か神宮かと、道を通行する人に問わせると、先程いた茶屋で餅などあるという。樽次は酒の有り無しを、望めば出ると思ったが、餅と聞いて不吉と思った。如何に旅人、たとえもちやであっても、茶屋ならば、坂に家を立てれば、さかやというべきなのに、あなたは不覚な人と咎められ、興醒め顔で逃げていった。
その間に、かの小屋に近付くと、馬を下りての一首はこのように聞えた。
なにしおはばいざこと問わん茶屋のかか我が思ふ酒はありやなしやと
と口ぶりすると、茶やのかかも、とりあえず。
めには見て手にもとらるる樽の内かんろのごとき酒にぞ有ける
樽次はこの返歌に喜び、奥の間に入ると、芝魚と称する芝浦辺りで採れた小魚を肴に銚子を添えて持つてくる。これは鮒か何かと問うと、茶やのかか、とりあえず。
しな川にのぼればくだるふな人のふなにあらぬとしばしのめ君
このように申しつつ、いろいろの名酒を、遊君に酌を取らせて出してくる。
もとよりこの上臈、品川の浜育ちなので、上品で愛嬌のあるのはもっともである。肌は白く、降る白雪のごとくで、誰でも寄り添うと消えてしまいそう。その立ち居振る舞いは、柳が風に靡くが如くで、街道一番の花であるが、わがままではない。なんと二九の十八ばかりに見える。赤地の短冊を持参して、あらそうそうと、一樹の影に宿る事も、多生の縁と聞く時は、すえまつ山（末の松山・古今集歌枕）の忘れがたみに、恥ずかしながらも一筆と、硯を添えて持ってくる。

樽次はにこっと笑い、優しくきこえる人の言葉だ。それでは筆を染めるならば、御身の名も載せてください。かすのような低い身分なので、さして申すべき名もない。木の丸殿（匿名・新古今集）でなければ、お名乗りください。打ちかたむける有り様は、滋賀唐崎の一本松（歌枕）、ただつれなく見える。樽次は落ち着きがない。風は吹かねど葛の葉（枕詞）の恨めしき人の風情である。むかし斎藤実盛（白髪を黒く染めて戦った武将）は、名乗れ名乗れと責められても、遂に名乗らぬといわれています。今こそ名乗らないのは、もしや実盛にゆかりでもあるのですか、それなら鬢（耳際の頭髪）が白髪であるべきなのに、黒きこそ不審ですという。

さすが上臈も岩木のように非情ではないので、早くも打ち萎れ、今は感情を内に包み込んでいる。私は、この品川にたどり着いた者なので、上方から下る人も、田舎から上る人も、柳は緑、花は紅（北宋の文人・蘇軾の詩から）の色々に、有愛（うあい・煩悩の一つ）し、ただ愛おしきとのみ有る。すなわち、おいとと申しますと名乗る。

樽次はそれを聞いて、最前よりいわれの有る風情は見ていたと、墨をすり、筆を染め、在原業平の東下り（後撰集）を思い出して、

いとどしく過行かたのこひしきにうら山しくもとまる筆かな

と、小野道風ではないが、道風流にさっと書くと、おいとも返歌する。

いとによる物ならなくにわかれぢの心ほそくもおもほゆるかな

これは、紀貫之が詠んだ歌であるが、継いでよければと。いまぞ思い出の、しな川のしなじなに情をかけて、盛り込めば。樽次も打ち解けて。天にあらばひよ鳥、地にあらば連る合歓の木と契りつつ（長恨歌のもじり）。心も次第に乱れ髪の、長々しく呑む酒にようやく時刻も移り、夕日も西に傾いた。

その時、樽次、いまは何時と言うと、かのおいと、鶯の初音のような美声で、また我に何にても、くれ六つの前と托鉢僧の顔で唱える。従僕の一人がもはやここを出る申の刻（午後四時頃）と告げる。樽次は名残の袂を振りちぎり、門外へ向かうと、店の主も一緒に走り出て、従僕に掴みかかり、汝らは呑み逃げするのか、お足を払えと責める。

樽次はそれを見て、何よりも易き所望だと、裾を股まで捲り上げて見せる。店の主は、その御足ではない。今日色々召された、その代金を払うように申しております。

樽次には案に相違した事だが、そうゆう考えのもてなしか。どうだろうかと主に述べる。私は、江戸大塚の者であるが、大師河原へ急いで行く道中なので、ここに立ち寄るつもりでは無かつた、急に出かけることになり、お足とやらも用意せず、何心なく通りかかり、かたじけなくも、あの酒林を一目見るより、はや恋となり、心も落ち着かずて、行こうとする道も見えず。地に針刺すような、思い違いで、酒林が立つのを見てからは、すぐさま、奥にいり酒の、樽の数々に恋慕して、心もそぞろに浮き立ち、時刻の移るもわきまえず、長居する鷺が蟇目の矢に遭う、とはこれである。やがては帰るときの道筋なので、その折に立ち寄つて、酒の香に誘われて参るのは間違いない、御芳志はお待ちくださいと、色々詫びるが、承知する様子には見えない。

このように冷淡な主には、死んで思い知らせてやろう、あの酒壺に飛び込んで、思うままに呑んで、五体全身を赤くして、どうだ猩々神と変身して、上り下りの下戸たちに、我らを守護する本尊と、拝まれる事の嬉しさと覚悟したが、待て暫し我が心。一年かけて歌道というものを稽古したと思い出した。腰折（腰折歌・自作の歌）ではないが一首詠み、主の心を和らげてやろうと思うと、大江千里の歌が浮かんで、

酒のめば銭に物こそかなしけれ我身ひとりの上戸にはあらねど

と聞こえれた、主も、返歌を返す、

ほのほのとあかしのかほのどろ坊にしんしゆのまるる銭おしこそ思ふ

このように呟いた、たとえ何とでも詠めば詠め。憎まれ口を幸いに駒を引き寄せうち乗つて、馬方にも聞こえるように、詠むべきものは歌なり。何という今の有様だ。虎の尾を踏んだわけではないが、危ういところの一首の歌に、毒蛇の口を逃れたのは、歌道の威徳ではない。目に見えない鬼神が憐れと思わせた。男女の仲も和らげるのは歌であると、紀貫之は古今集の序に書き記した筆の跡が、今こそ思い起こされた。

さて、ここで詠んだ歌は、自ら思付いたものではなく、湯島天神の助けが我に詠ませたものだろうか。ああ、有難いことだと語りつつ、さして気の進まない道だが、この物語を気晴らしに、行くはようやく武蔵の川崎を左手に見て、南河原の忠呑の家に着いた。

［五］在々の水鳥ら南河原へ馳来る事付底深住所へ使者を立てる事

さて、樽次、昨朝大塚を立つた。その日の暮方に着くと、風聞が伝わり、近郷近在の水鳥（酒呑み）ら酒筒を持つて、我先にと馳せくる。その人々は、まず一番に鎌倉の甚鉄坊常赤、赤坂の毛蔵坊鉢呑、武州蕨の半斎坊数呑、川崎の小倉又兵衛忠酔、多摩郡菅村の佐保田某酔久、小石川の佐藤権兵衛胸赤、平塚の来見坊樽持、江戸船町の鈴木半兵衛飲勝、浅草の名護屋半之丞盛安、浅草の木下杢兵衛尉飯嫌、富坂の三浦新之丞樽明、麻布の佐々木五郎兵衛助呑、麻布の佐々木弥三左兵衛酒丸、八王子の松井金兵衛夜久、南河原の斎藤伝左衛門忠呑、都合十五人。そのほか村々谷々から馳せ加わる雑兵ら、庭前に満ち満ちていて、木の下、岩の陰にも人々が押合い圧合いしている。

樽次の指示は、それでは明朝の卯の刻（午前六時頃）に出発し、辰の刻（午前八時頃）に手合せしよう。しかしながら、まず大師河原へ使者をたて、底深の所存を聞こうと、赤坂の毛蔵坊を呼ぶ。汝、大師河原へ馳せ行き、樽次はここまで寄せて来ている、明朝の早朝に押し掛け、勝負を決する。もし一種一荷（一種一瓶を言換え・太平記）の肴と酒を持参し、道理からはずれていないこと事も認めれば、この度は赦免してやると言いかけ、少し脅かしてみろという。承ると毛蔵坊は駿馬に鞭うち、時を移さず大師河原に着くと、底深の家に勢いよく入り、大音声でこれこれ、御使いに愚僧が来たと叫ぶ。

憐れな底深は、年積もつて六十九、そのうえ大病に冒され、猛き心も弱りはて、題目を唱えていた。毛蔵坊の声に驚き、年若かの家人らに手を引かれながら対面し、さて珍しいお出でだ。それでは私の存念を語つて聞かせよう。近年、人々の噂には、大塚に地黄坊という者が住み、夜な夜な忍び出て、人を呑み殺すという風聞があるが、世の中の虚言と思っていたところ、それがしの従弟で山下作内という者、昨年十二月に江戸赤坂に出かけて酒を呑み、大血を吐き、戸板に乗せられ帰ってきた。これは如何と聞くと、地黄坊の所行と答える。そのうえ、また池上三郎兵衛という者、この春、目黒不動に参詣に行き、仲間うちの会合で樽次と遭い、これも同じように血を吐き、生死不定で帰ってきて、これはと聞くと、樽次の仕業という。そのほか、樽次に参会するほどの者、いずれも無事に帰ってくる者はない。

その時、底深は思った。ままよ、樽次も鬼神ではよもやないだろう。この老人が大樽を引っ下げて出るようならば、血を吐かせる事はよもやないだろう。そのようでこそ彼らからの恥辱をそそごうと、馬に鞍を着けたところに、我が酒運は尽いてしまった。にわかに風毒腫という腫物が股に出た。みすぼらしい羽抜け鳥とはこれであろう。立つも立たれぬ風情で、病の床に寄りかかっているのが無念である。それさえ無ければ、逆に攻め寄せにするところである。幾重にも重なる遺恨がある。だが明朝、ここまでやって来るのは願う所の幸いである。どうであろうと病死するよりは、酒の上の敵と呑み戦い、名をのちの世に上げよう。言い訳をするような様子ではない。

毛蔵坊は、元来目の早い法師で、いやいや長居してはと、急ぎ立ち返り、底深の存念をありのままに報告すると、折から居並ぶ侍たちは、底深が病中こそ味方への吉報である、今宵にも仕掛けようと、勇み立っていうが、樽次は一向に採用しない。暫く思案して、窮鼠かえって猫をかむという事もある。覚悟をきめた底深は、老人といい、大病をうけ、呑み死しようというは道理であるが、このような曲者に渡りあえば、たとえ勝負に呑み勝つとも、味方は多く損ずるだろう。この度は理を非に曲げて、彼の本復を待つよりほかはない。皆もこの旨を理解して心得るように命じた。

昔もこのような例があつた。和田、楠木（正成）二千騎で、摂津天王寺に出張つた時に、宇都宮が七百騎で寄せてきた時、和田はこれを伝え聞き、楠木に向かつて、以前隅田、高橋が五千騎にて寄せ来るを追い散らした、今度は宇都宮がわずか七百騎で寄せ来る風聞がある。いざ逆寄せにして、一騎も残さず打ち取ろうと、勇みかかつていう。楠木は暫く思案して、いやいや、今度の戦（いくさ）は大事である。前に大勢を追い散らした後に、わずか七百騎で寄せてくるのは、一騎も生きて帰らないという覚悟だろう。このように思い切つた抗敵と渡り合えば、たとえ戦に勝つても、味方の過半はうたれるだろう。されば、戦今度ばかりに限らない。重ねての合戦をどうする。楠木においては、謀り事をめぐらし、宇都宮を空しく返そうと、支えたる人馬を引き退き、逃げたように見せかけると、思案の如く宇都宮は和田、楠木が、引き退きくことで面目をほどこし、ひと戦もしないで、京都へと引いていつた。

このように、宇都宮の小勢を恐れて、戦を避けた楠木の軍法。今、底深が腫物を恐れて、かからないのは樽次の酒法。時代は移つても、謀り事は、割符を合わせるようだ。

〔六〕五カ条の制札を立てる事

翌日になると、馳せ参る人々を集めて、池上が本復しないうちは、たとえ年月を送るとも、この地に逗留する。めんめんも、その覚悟あれと伝えた。

その頃、主忠呑は、茶屋を建てていたが、にわかに酒林を立ち上げた。樽次に面会すると、忠呑は裏に酒の宮がありますと伝える。樽次はうなずき、その日の午の刻（正午頃）に酒の宮に入つた。人々が集まり終日の酒宴を始める。その日も暮れると、甚鉄坊を呼び、樽次は少しの間でも逗留戦には掟が必要である。このような五ケ条の趣を制札に立てるようにと伝えた。甚鉄坊は承るといい退出する。中でも毛蔵坊は聞こえる文章家、このように書き記した。

一　すでに、酒ばやし、たて候うへは、出入せらるるめんめん、今日よりして、御酒のみやと申さるべし。もしあやまつて、ちや屋と申やから、これ有にをいて、そのくわたい（過怠）として、下戸には酒をしゐ（強い）、上戸には、かへつてふるまうまじき事。

一　此庭前にをいて、みだりに痰をはくべからず。但、さけはかれ候義は、くるしからざる事。

一　樽次公、興にぜう（乗）しておどられ候きざみ（場合）、上戸のれきれきは地うたのやくたり、あお（未熟）くみの下戸らは、しらすになみゐて、けたい（懈怠）なくほめ申さるべき事。

一　此酒の宮に、あひつめらるるめんめん、たがひに酌をとつて、おほくのまるべし、すこす（過ごす）をもつてなぐさみとす、もしすごさんは、あに、なんの益があらんや。

一　樽次老は、りよしゆく（旅宿）のうち、女人けつかい（結界）の御たしなみ有といへ共、ようがんびれい（容顔美麗）の御かたにをいては、ひそかに御たいめんあるべき事。

右、五ケ条之趣、かたく、相呑可者也、年号月日

奉行鎌倉甚鉄坊常赤　木下杢兵衛尉飯嫌、

等、在判して立給へば、みな人　厳密の掟とかんじた。

［七］樽次薬師堂へ願書込める事

光陰矢の如しという。移り変わるは年月で、昨日は過ぎ、今日が来て、いつの間にか、八月中旬になった。かく月日のたつに従い、底深も次第に衰えていく。一門は肝をつぶし本道（漢方の内科）・外科、数を尽くして招き寄せ、華佗、扁鵲のような名医が手を尽くしたが、その効果は現れない。今は今生の縁が尽き、冥途黄泉（あの世）に赴かんとする。樽次これを聞いて、主の忠呑を呼び、如何にただのみ、今度そこふか。老人といい、大病といい、ひとかたならぬ苦しみに、網のうちなる魚のような、逃れ難きと聞いている。然らば、疫病の神で、敵とつたると、樽次が本意を表わす。如何にもして、そこふかの命を、いけがみにするはかりごとこそ、きかまほしけれ、と問う。忠呑はうけ給わり。

されば昔より今に至るまで、凡夫に及ばぬ願いを、仏神に祈るならいです。その証拠を中国の故事に尋ねると、周の武王病にふし、すでに崩御せしという時、周公旦が、天に祈ると、武王の病たちまちに癒えた。まして我が国は神国です。どうかして利生（利益衆生）を祈るべきです。神に誓願され、一つに定め本復されるように祈るようという。樽次もつともと思い、付近の薬師堂に、一通の願書を持参した。

その文に曰く

帰命頂礼。それ薬師如来は、東方浄瑠璃世界の本主なり。衆生の願いを円満にせんと、誓い給い偉大である。その徳たること誠を尽くす所以である。樽次、ひそかに所願有るに依り愚書を捧げ奉る。趣旨は他事に非ず。茲に池上太郎右衛門尉底深という者有り。その行跡を聞くに、常に麹を枕にして（酒）糟を籍く、盞を提げ友を招く。樽を傾けこれを飲む。ただ鱣鯨の大海を吸う如し。故に威勢日に盛んにして尽く近郷の水鳥ら尽く強い臥せられ畢わる。これに加え密かに経文を盗み唯我独酒と称する。剰え樽次酒法掠め恣に酔狂。つくづく惟うにこれ仏法酒法の両敵なり。我いやしくも此の家に生まれ臥せるる彼に強いない者。天下の嘲り遁れ難し、是我が恥辱に非ずして何ぞや。故に彼と勝負を決する為、むちを揚げ当地に馳せ来る処、底深俄然と大病に犯され、枕を老後の病床に傾けるに依り、樽次憤りを掩い延引すると謂うのは無念なり。悲しいかな進んで乱酒を企てんと欲するに、彼が病火急、嘆かんかな、退いて後日を待たんと欲すれば、彼が命不定、若し今般参会せずば、何れの時に遺恨を散ずるや。樽次一期の浮沈ここに在り。嗚呼、伏して希うは霊仏の薬力の施し、忽ちに本復為す令たまえ。然らば即時に押し掛け強い臥せる事、喉本を巡らすべからず。再拝。

慶安元年八月十日

薬師御宝前　大塚地黄坊樽次　敬白

と書きしたため。

仏前に持参し、高らかに読み上げた。丁寧に言葉をつくし、玉を連ねた文章で、聞く人に真実の信心の思いをなす所に、地震で激しくて揺れて、薬師十二神像も一度にどつと頷かれた。その時、樽次、さては底深の命も万歳楽と祝いつつ下向するのが頼もしい。

〔八〕底深本復付酒論

さても、彼の底深の腫物は、一夜のうちに骨髄から涌出して、痛む事がなくなつた。これほど、樽次の願書は仏意にかなつた。さしも大きな風毒腫もたちまち破れ、わずかな間のうちに平癒することは不思議である。さて底深も黄泉路還りと喜ぶ事は限りない。樽次もこれを伝え聞きいた。所願成就と薬師堂の方を伏し拝み、このこと時日を延ばしては叶うまい。早や出発だ。今宵大師河原に着いて、銚子の駆け引きである。長柄の銚子を揃え、決行すると伝えると、在々の水鳥らは寄り合い、そもそも我ら未だ長柄の鍛錬をしていない、どうするかと評定する。

鈴木半兵衛呑勝が進み出ていう、今度の銚子には、後先に口を付けたい。樽次はあとさきとはなんだと問う。呑勝は、常の銚子は、注ごうと思えば注ぎ、止めんと思えば止め、左手でも右手でも回し易い。長柄はそのような時、さっと押し回しが大事です。後先に口を付けて、我が方へも注ぎ易いと申す。樽次は、ともかく門出の悪しさよ。

乱酒は度を過ごさないと思うに、間合いよければ、すぎるは常のならい。まして左様に長く続くと、何故にか酔わざるはずだ。貴殿らは後先を千口も万口も付けるがよい。樽次はは元のままでよいといった。

呑勝それを聞いて、よき大将と申すは、迎えにも押さえ、後へも差し、受け外しの達者で大酒を酌むという。そのように一方呑みするのは、猪上戸といい、良きとはせずという。樽次は、いのしし（猪）、かのしし（鹿）など知らん。ひたすら呑んでも酔わないぞ、心地よいだけだ。呑勝は再三の問答に面目を失い、生まれつき、私は昔は下戸だつたとつぶやいた。樽次は大いに腹を立て、汝は下戸の者か、手並みのほどを見せろと、長柄銚子に手をかけ、もはや互いちがいに勝負を決するという。樽次には飯嫌、甚鉄坊らが取り付き、呑勝には半斎坊掴み付いて、前には底深という大敵を持ちながら、同士呑みするのは拙いと、諫められると、無事におさまつた。

［九］鎌倉甚鉄坊常赤先懸付醒安が事

その後、樽次は近習を集めて、いますでに未の刻（午後二時頃）となつた。これより三十里（約三・三キロメートル）の道を経て、大師河原に着くならば、ほどなく日も暮れるだろう。しからば、おのずから夜の勝負となるだろう。夜分の掛け合いは用いどころである。鍛錬の人があれば、先駆けを望むがよい。甚鉄坊進み出て、我らは真言（真言宗）育ちの者なので、若年の頃より、日待、月待、二十三夜待などで、諸旦那を駆け回り、夜ばかり呑んできた、夜分の働きに、いまもって過失はないという。たとえ強き敵でも、呑み破るというままに、真つ先に駆けて進むと、続いて樽次も出発する。毛蔵坊は押えの役で、後に残つた。そのほかの人々も、樽次を守護して、南河原を過ぎ。田圃をまず下り、速度を上げた。

樽次は、昨日までは侍十五騎、大将ともに十六騎と聞く。今日十六騎、大将ともに十七騎の由来を尋ねれば、近き頃、天も心もよく晴れたとき、樽次は忠呑を呼び、それ山に遊ぶと書いて、「ゆさん」と読むという、これは間近の山に遊ぶという事であると、大勢を連れて、山々を徘徊した。頃は、八月中旬の事で、所々は紅葉して、木々の梢も酒に酔うかと詠はれる。あらおもしろの今日の楽しみ、誠に一刻千金の自然と惜しむが、はや日も暮れようとする。大勢の人々、天下太平、国土安穏の御代なれば、道も暗くなりつつその先に、鳥はふるすに、我は宿に帰ろうと、峰から麓へ下ると、不思議な物体が一つ見える。

これは何だと見ると、姿は人で、木の枝に足を引つ掛け、真つ逆さまになりながら、今様を歌つている。その時、樽次は少しも騒がず。されば異国にも、蘇東坡という人、赤壁山に遊んだ時、黒い鶴が道士に変じて、言葉をかわしたという。今、樽次もこの山中でこのような痴者に会うことが不思議である。どう見ても、これは自分をたぶらかそうとする、狐か貉の業と思った。それならば、一句授けてやろうと、吸筒（酒筒）を取って投げつけ、汝、元来上戸行急々酒々と、かの殺生石の様な文言を唱えた。直ぐに木の枝が二つに裂けて、その者は下へ落ちてきた。

その時、樽次は、汝、如何なる変化の物か、有りのままに言えと問う。さればそれがし、全く変化の物に非ず。この麓に住む山家の者です。いかなる仏神の方便か、世に類なき上戸と生まれましたが、朝三（朝三暮四・太平記）を与えられる猿ほどの禄すらない下賤の身で、酒を与えられる事もない。世の人みな酔えれども、我一人醒めている事の悲しさに、昨日この山に入り、杵という物を作り、今日川崎の市で、杵をかわりに酒を呑んだ。宿へ帰りつくその前に、はや醒めて、余りに残念に思い、もし逆さまになり振れば、頭へ血が下がって上気し、酔った心地がするだろうと、里は人目もあるので、この山に入り、このていたらくを為すところ、思いもよらぬ人々に、見られたことが恥ずかしいと、萎れていた。樽次やそのほかの人々も、あっぱれ上戸の手本と感じつつ、流す涙の雨は、ただ降る諸白（酒）の如しであった。

その後樽次は、あなたの仮名はと問うと、さればこの麓に居住して、山で木を切り、里で田を作り、この二つの業で暮らす者で、木や田に喜んで身を捨てる（喜捨）者、すなわち喜太郎と申します。由々しい名の付けようである。さて実名は元より山家で、仮名はありのみ、実名はなしと答える。

そのように思われるか、それならば名乗りを一つ与えよう。まずあなたは何ほどの酔いも、醒める事の安ければ、醒安と名乗れ。酒筒で三々九度を振る舞い、これほどの酔いも、やがてさめやすというくれの、いづくとも見えざりしが、今日樽次の門出と、風の便りに聞いた。御味方申さんと馳せ加わり、こうして十七騎になる。

[十] 底深乱舞の事付稲荷託宣

底深は、樽次が攻勢に出るのを知らず、このまでの病疲れの気晴らしに、一門を招き、乱舞していた。すでに乱舞も半ばのころ、その座に酌取りの十四、五の童が、にわかに狂気して、二、三間（四、五メートル）何度も飛上がり飛上がり、人々は肝を潰した。さては、物の怪がついたと、目を凝らすと、案の定、口ばしる。

我を如何なる者と思うか。今日は二十日（はつか）なれども、我は稲荷（とうか・十日）の明神である。さても樽次は十六騎を率い、ただ今ここへ急いでいる。今宵は修羅の座となり、汝ら一人一人臓腑を吐き、つらい目にあわんとするを、凡夫の哀しさは、知らずして乱舞の戯れこそ不覚である。氏子の不憫なれば、知らせんがために来るなり。今ははや帰るというと、童は五体から汗を流し、静まった。

[十一] 底深与力を招く事付名主四郎兵衛松原へ馳向かう事

誠に、氏神の御告げあらかたなれば、底深は、大いに驚き、急ぎ与力を招いた。馳せ来る人々には、名主の四郎兵衛経広（常広とも）、藪下勘解由左衛門尉早呑、竹野小太郎盥呑、竹野弥太郎数成、米倉八左衛門吐次、底深惣領に長吉底成、次男桃助底平、田中内徳坊呑久、朝腹九郎左衛門桶呑、股尾九二郎

常佐、底深舎弟に池上七左衛門底安、池上左太郎忠成、吐血した山下作内請安、池上三郎兵衛強成。

これらを先頭に、ここかしこから大勢馳せ寄せ、底深は急ぎ対面していう。我は若年の頃より多くの人を呑み臥せた。その報い、たちまちに底深の身に来たつて、今宵限りとなりそうである。それを如何にと申して、大塚地黄坊樽次という、きこえる大将に、続く御坊たちには、鎌倉の甚鉄坊常赤、平塚の来見坊樽持、赤坂の毛蔵坊鉢呑、蕨の半斎坊数呑。そのほか飯嫌酒丸などいえるあぶれ人、数を揃えて寄せてくる。ただ今新たなる御告げが有るだろうか。

さてこそ、各々を招いた所に、祝いの装束で御出まし、我は年寄つて、これほどの大病に身も疲れているので、今宵は覚悟をもつて呑むと思い切つた。我が空しくなるならば、あの兄弟（長吉と桃助）を先頭に立て、父敵なれば、本望を遂げさせるようにという。座中の人々は袂を顔にあてない者はいない、
このとき、惣領の長吉底成は、その頃、十一歳であつたが、進み出ていう。昔から今に至るまで、小をもつて大に勝ち、弱きを持つて強きを討つには、謀り事に及ぶものはないという、もつぱら知略をめぐらそう。まずそれがしが知るのは、これより八町（一キロメートル弱）ほど出れば、細川が流れる。異国の韓信の背水の陣を学び、その細川を後ろにあて、前の小松原に大勢を隠せば、二相（表裏）を覚る樽次も、これは夢にも知らず、何気なく通るところを松原から杯の尻を揃えて、一度にどつとかかれば、如何なる樽次も、一旦引く事はよもやないだろう。ただ手に取るよう述べた。

底成はうなずき、梅檀は双葉より芳しとはこれではある。和殿（長吉のこと）はいまだ幼少の身としては、父の知略に抜群増している。さらに、早速出発だという。底深が座敷を立つと、長吉は走りより、

父の袂に取り付き、今思つた事の趣旨はどうか。樽次は好きに任せるといつたという。もしや脇道から攻めて来て、留守を狙われるのは、悪しきことです。普段通り底深はここにお居でになり、松原へは自分が攻め行くというと、底深聞いて、こうもいつた。さて松原へは誰かを行かせて、あなた（長吉）はここに居て、父を見ているようにといつた。未だ年にも満たない和殿を、あなたと呼び掛け、つらいそうに見える。あなたと呼んだ底深も、ただにしみじみするように見えた。

長吉も今はやむおえず。それでは、名代を差し向けようと、名主の四郎兵衛を呼び、如何に名主殿、あなたこそ度々の勝負にも、いまだに不覚をとらぬ人と聞いています。この度は松原の大将に頼みます。元より、敵によつて、戦さは移り変わることだが、樽次は無双の大酒にて、敵が大勢なれば、なおもつても勇みかかる強者と聞いている。あらかじめその覚悟をするように下知した、

名主はこれを聞いて、御心安く思つてください。たとえ余人は逃げ散つても、この常広（経広）においては、敵に後ろを見せない。そのうえ、樽次も畳の上での勝負をしていて、野原での掛合を、いつ、鍛錬したのだろう。それがし馳せ向かつて、松原に引き込み引き込み、ことごとく横に寝かせんと、座敷からすつと立つと、あつぱれ、仕損ずる事のない奇計だと、皆が頼もしく思つた。

［十二］樽次松原へ着く付来見坊物見の事

そうするうち、名主四郎兵衛は、松原に到着し、ここかしこに隠れながら、樽次が通るのを、今や遅しと待つている。

これはさておき、樽次は少しでも早くと思つたが、往来が容易でない難所で、深田を漕ぐように進む

ときも有り、細道をたどる所も有り、曲がりくねるつづら折りの谷坂を、上り下りして、ようやく申の刻半ば（午後四時頃）に、この松原に至った。

ここらこそ用心すべき所と、向こうをきつと睨むと、不思議なことに、この松原から虎狼野干（狐）などの野獣が騒ぎ立ち、空を飛ぶ鳥類も激しくて羽ばたき、連なる列を乱す事も不思議に思い。なるほどと納得した。底深は経験豊富な老巧といい、謀り事の上手と聞いている。ならば、樽次が何心もなく通る所を、横合いからかかると、松原に伏勢を隠したと思い至つた。誰か見て参れという。平塚の来見坊が参るといい、少し高まつた所から物見する。支度の様子を一目見て、急ぎ戻つた。何をさておき、杯の底を光らせる水鳥ら、五十騎ほどが草の上を固めていると報告する。

[十三] 松原手合の事付樽明高名の事

樽次はそれを聞き、やはり由々しき事態か。敵は大勢なので、普通にかかつてはかなわない。めいめいは東南の方に散らばれ。藪の中に入り、人数を見せないで、車掛りという陣形で、まん丸になつて攻め入れ。心がけろ。初めての旗合せに引けをとり、この樽次に疎まれるなと下知した。自らは、敵の後ろに掛かる時を狙い、桔梗、刈萱、女郎花、そのほか色々の中を、掻き分け掻き分け忍び入り、一株のススキの根元に立ち隠れる。

そうしているうちに、藪の手の人々が大声をあげ襲い掛かつていく。松原の大勢は慌て騒ぎ大混乱となる。されども、馳向い、引組み、差違い、押す、巻く、間断なく襲い掛かる。樽次は、今こそ自分の出番とススキの元より出て、早く見よと宣言する。

このように逃げて行くその中に、名主四郎兵衛底広は、大師河原で宣言した、言葉の末が恥ずかしいと、ただ一騎とつて返し、逃げる様子もない。樽次方からも白髪混じりの男子、一騎進み出ていう。なんと殊勝である。皆が逃げるその中で、ただ一騎返して戦うは、如何なる人か。名乗れ。応じないとあれば、まずこちらから、お前は誰なんだ。これは樽次方の三浦新之丞樽明であると名乗る。

名主これを聞いて、さて戦いによき相手。相手を探る気はなくとも、趣旨は存じているだろう、名乗るは止めよう。寄れ、組まんというままに、はや、押し並ぶと見えたが、名主は大きくは動かない。古酒の力も失せた。三浦は下になる所を抑え、杯を奪い取り、樽次の前に報告した。三浦こそ、詭異の曲者と組み合い、大杯を取つた。上戸かと見れば、後に続く者もない。又下戸かと思えば黒漆の大杯を持つている。名乗れ名乗れと責めても、ついに名乗らず。声はがらがらの塩から声であつたと述べた。

樽次は、あつぱれ。名主の四郎兵衛であろう。それならば、杯は朱色のはず、黒いのは不思議である。忠吞ならば見知つているだろう。呼ばれた忠吞は、ただ一目見て、むざんだ、名主の四郎兵衛である。名主が常々申すは、若い武者と争つて、酒を吐くのは大人気無い。又老武者と人に侮られるのも口惜しい。杯を墨に染め、若やぎ、のみじ（黄泉路のもじり）に捕まるべきである。常々申していたが、本当に染めている。洗つてお見せします。樽次の前を下がり、辺りの細い溝川の岸に望み、柳のうち（裏）も皆（全て）になる（名残の裏）、抱きて酒は心中の神にあがり、あらひて見れば、墨は流れ落ちて、もとの朱色になりけり。誠に名を惜しむ酒吞みは、誰もこのようで有るべきだ、ああ感心と　皆㵎酒を吞まれた。

また名主は述べたという、底広と名乗る事、私の望みである。名主は大師河原を出発の時に底深に申しあげた。故郷に錦を飾り、それを肴に酒を呑むという本望があり。名主は生国が越中の者で、近年底深の御酒に従い、武蔵の川崎に居住している。このたび、松原に下つては、覚悟して呑むべし。上戸の思いは、これだけである。御免許を望み、底深の底を賜つた。この様なことは古歌にも、

もろはくをのみつつゆけば、もみじして、色に出ると人や見るらん

と詠まれていて、これ本望の心である。

[十四] 樽次大師河原に付け入りの事付甚鉄坊名乗りの事

樽次、池上方の逃げる勢に追いすがつて、大師河原に押し寄せる。その日の装束、いつに優れて華やかである。外側は絹に紙衣を引き違え、古簗（魚とりの簗）の上下を切り落として、体に巻付け、桶側胴（おけがわどう・当世具足の借名）と名付けつつ、白綾の鉢巻で、白毛に黒毛と赤毛の混じる糟毛の馬に白鞍で乗り、底深の門前に立ち、大音声で、そもそもここまで寄せ来る者を、如何なる酔狂と思うか。かたじけなくも晋の劉伯倫の末孫で、六位の大酒官、大塚の地黄坊樽次とは我が事なり。底深はいないか、見参すると名乗り、人品骨柄もあつぱれな大酒（大酒呑み・大将）に見えた。

底深も、よかろう、心得えたというままに、広い座敷に躍り出てくる、縁の板をシュッシュッ（酒よ酒よ）と踏み鳴らし。この翁こそ、当地の大蛇丸、池上太郎右衛門尉底深とは我が事である。間近なところまで、馬上の様子こそは無礼である、はやはや馬を下りろ。勝負を始めようという。

掛りしところで、樽次方から、年の頃五十ばかりの大入道、一騎進み出て、名乗る様が可笑しい。そもそもここへ現われでたる法師こそ、鎌倉の甚鉄坊と申す知者で、元来それがしは、鎌倉の山里、いき

村という所に寺をたて、真言の秘密を唱えていたが、尊き御僧と、諸旦那に馳走されていた。ある時、隣りの庭鳥が飛び込んできた、餌をひろうとき、小僧らが見えないので、天の与えるものと、捕つて押さえ、捩じり殺し、不調法ながら料理して、日頃の妄念を晴らした。天にまなこ、壁に耳ある浮世にて、隣りの主人が、早くも聞きつけ、駆込んできていう。

そこの入道、御身の心は、常に荒磯の、小僧らの頭もうつせがい（空の貝殻）、日が暮れると、何やらガアガア（怒る声）といふからす貝、この様に貝（戒）も破ると聞く。また大酒呑みで御受戒の身、今日は鳥を殺して殺生戒まで犯す。ことごとく五戒をを破る、前代未聞の悪僧である。上へ申して如何ようにもと思つたが、かねての馴染みの事で、命ばかりはいき村（いき村だから生かした）の、寺はついに追い出され、せんかたなみだに咽びつつ、家を変え、托鉢にでたが、悪事千里を走り、鎌倉中に隠れなければ、これこそかの甚鉄坊よ、衣を剥げという者もある。一飯の助けもなく、渇命（餓死寸前）におよびしとき、仏神の計らいか、あの地黄坊に参会し、医道の弟子となり世を渡り、重恩とかいうものなので、先陣をつとめるため、馳せ来つた。見れば屋形に二階、三階を上げ、用心厳しく見えるが、五戒を破つた入道が、まして二階や三階を破るに、何の子細が有ることかと、気色ばみいう。さても殊勝なる御物語に、あなたこなたの人々が一度にどつと笑うと、堂宮ではないが、高く掲げた鰐口となつてそびえかえる。

［十五］甚鉄坊一、二の樽を飲破る付醒安飲臥せられる事

ややあつて、池上方からも、年の頃四十ばかりの黒髭の男子、一人まかり出て、これこそ朝腹にもよ

く喰らう奴という、すなわち、朝腹九郎左衛門（桶呑）と、かたじけなくも御代官に、渾名つけられた者である。藪にらみの脇見法師ながら、真つ先に進み出てる殊勝さがある。推参ながらも、中差（戦いの矢）一つ参ろうというままに、吉野の漆で溜塗の大杯を取り出し、将から雑兵まで、一つになれと引き受けて、暫し保つように見えた。

甚鉄坊は思つた。やるな、いやいややつめに胴中を通されたら、かなわない。差し向かいで手詰めの勝負にしよう。元より早業の達者で、暫しというより早く飛んで入る、向き合い様にむすと引組、長柄を取り直し、桶呑の胴中まで通れ通れと突き臥す。

これを初めとし、手元にすすむ強者を、差し受け引き受け、北から見るめ、西からひらめ、蜘蛛手、かくなわ（結果・菓子の形に倣う）、十文字、八つ目魚（平家物語）というもので、さんざんに強い臥す。元より五戒破りの甚鉄坊、はや一、二の樽（酒呑み）を押し破るように見えた。

底深はこれを見ると、まず甚鉄坊を引き組もうと思つたが、いやいや木端武者どもに目を向けないと、どのように樽次と勝負と思い、真つ先に進み出て、大音声で呼びたて、たびたび見参といえども、未だ勝負なし。初対面の印に推参といいながら、鷹の羽を描いた一引両紋の大杯を取り出し、えいやつと声をあげ引掛けて見せた。樽次も逃れられないと覚悟したところに、後ろの方から、年頃二十あまりの男子が進み出て、これこそ山家の住人、喜太郎醒安と申す者である。樽次の御名代に馳せ向かうと声をあげる。底深聞いて、誰でも相手は嫌わないというままに、手元を放つて飛ばすと、過たず、喉笛から胴中さしてつつと入り、伊丹諸白なので堪えられずに、左の方へ倒れ臥し、前後も知らず吐いている。ほんの一時のさまと思えるが、彼方に桶呑が半死半生の様子、此方に醒安が存命不定と見えれば、互いに、戦いの様子をあわれと思い、暫し休めと引かせた。

[十六] 近郷の水鳥ら底深に加勢する事付樽次織部杯を落す事

すでに地獄へ移りゆく。樽次は人々を集めて、一騎当千の醒安もあのようになり不憫である。これは我が恥辱である。面々粉骨をつくし、会稽の恥（吾妻鏡に見える中国の故事）をすすごう（雪辱）といえば、誰もがそう思い、大勢がどつと声をあげ、牙を鳴らし掛かつていつた。底深はこれを見て、敵は醜悪で凶悪な鮫肌（源平盛衰記）になつて寄せて来るぞ、そこを破られるなと下知する。うけたまわると、一騎も残らず進み出て、ここを先途としてもみ合いとなる。犬居目礼古仏の座（京板では犬虎目礼木仏の座）という酒宴の道を互いに知る事なので、歯骨を鳴らし、舌鼓を打つて、追いつつ負けつつの掛合に、池上方の逃げるときも有り、樽次方の終わりになるときも有り。両方とも叫び声や酒呑む声。これぞ誠に修羅道に、あちこちで落ちて、勝負の場もわからないような時節となる。

掛りしところ、勝負に差し向けられた毛蔵坊は、五体も皆赤くなり、たじたじと押されひたすら呑み、ああ苦しい。飯嫌よ、樽次の君はどこにおられる。樽次それを聞いて、毛蔵坊殿ここへという。御前にかしこまり、さても底深は、度々の勝負で一、二の樽（酒呑み）を破られ、すでに小備前（雑兵）らばかりで、もはや勝負になりません。これを伝えに、密かに参りました。樽次うなずき、殊勝であるといつた。

これはさておき。近郊の水鳥ら、稲荷の宮に集まり、評定するのは、大塚の地黄坊と当地の大蛇丸、互角の競合いと申しても、ややもすれば、底深押され気味に見えるといわれる。いざいざ後詰に参会しようと話す。大勢馳せ加われば、池上方に対抗する力を得て、新手を入替えれば、即時に強力に相手を酔い臥せられるだろう。

樽次はいつも変わらぬ十六騎だが、はや半ば酔い伏され、残る人々も大方は酒の代りに薄茶や重湯を飲んでいる様な状態で、今こそ自ら差出る時節ではあるが、大勢の中に駆け入ると、これこそ大将だ、討ちもらすなと、取り囲まれ、長柄を揃えて差し掛けられる。それでも樽次は、酒法の王（法王＝鳳凰）が変化した姿（化色）を現した。追つかけ透かさず来る杯を、ひらりと回し、差し伏せ捩じ伏せ、手元にすすむ連中を、六、七騎強い臥せ、巡り巡りて、今こそ底深と勝負に臨もうと工夫していると、どうしたことか、織部杯（小形の塗り杯）を一つ取り落し、向こう側が低いので転がつていつた。これを敵に渡さないと、遥かの末席まで下り、取らん取らんとする。敵はこれを見ると、長柄銚子に引掛け、えいやつと争うと、味方は声を揃えて、捨ててくださいと声をあげるが、ついに織部杯を取り返し、にこつと笑つて帰つてきた。

その時、飯嫌は、何とも口惜しい振舞いです。南河原で数呑が申したのと同じ。たとえ千杯入りの織部杯であろうと、杯を惜しむべきでないと伝える。樽次は座興に杯を取り出し、この杯を敵に取られ、樽次は小蛇といわれるのは、無念の次第である。そのように伝わることは情けない。樽次の酒運の極めと思うべきであると語ると、飯嫌やその他の人も、みな燗鍋を取りあげた。

［十七］樽次醒安を尋ねるさせる事付醒安歌詠む事

その後、赤坂の毛蔵坊を呼んだ。醒安の事を問う。夜半の頃底深に渡り合い、半死半生に見えたが掛け合いの最中なので、言葉をかけることも出来ない。如何にも覚束ない様子と伝える。醒安を探せと下知。飯嫌もこれを聞いて、今日は人の身上だが、明日は我が身上である。いざ醒安を見つけようと、毛蔵坊と探す。敵味方は分からないが、ここかしこに大勢の者が酔い臥している様子は、ただ酒杯に酒を満たした如くである。この中に醒安はいるか、喜太郎はおるかと、静かに呼びかけ外に下りる。痛ましいことに。醒安は黄羽二重で頭を包み、小屏風の脇にいた、前後不覚の状態で、呼び掛けの声を聞くと、今こそ目がさめやすと応える。二人は走り寄り、手近かの戸板に乗せて、先を飯嫌が駆け、後を毛蔵坊が控えて、樽次の前に据える。このように帰り来たが、悪酒のせいと見えて、五体残らず真っ赤になっている。体は役に立たない状態である。樽次が呼び掛けても反応がないので、樽次は何ということだと嘆く。

その時、毛蔵坊は醒安の手を取って、具合を問いかける。枕元には樽次、後ろに飯嫌、左側に佐保田（酔久）。かく言うは赤坂の毛蔵坊と声を掛けるが、返事もないので、醒安に力を付けようと、荒々しい声で、だれかれの事や田舎の事を例え話として話す。三浦新之丞（樽明）は松原の手合せに、名主四郎兵衛を組伏せ、黒漆の大盃を分捕り、さすが三浦の樽明といわれたと呼び掛け、この程度の酒に正気を失うは口惜しいというと、醒安は何と申す毛蔵坊、かの樽明に醒安が劣ることはないが、池上の大杯は田舎でも有名だ。幅広く底深く、物作りの上手なのか木薄に作った大杯で、直中を落とし、なんとも苦しいと思つた。醒安であればこそ樽次の前でこう申した。ただ弱りに弱つたため、

我が死なば酒屋の庭の桶の下割れて雫の洩りやせんもし

と詠んだが、前後も分からぬ様子である。

［十八］底深降参の事

このように皆弱っていった。今宵の勝負は如何かと、樽次の心は勇んでいた。その頃、池上方に、田中の内徳坊呑久という、大杯を取っての強者で、近郷に隠れなき、客僧がいる。今度も一番に馳せ加わり、数度の手柄に並ぶ者がない。度重なれば弱ってきたので、底深に申しあげた。

樽次は聞きしに勝る大酒呑みで、いまだ少しも弱っていない。そのうえ、飯嫌酒丸という強者らを脇に控えさせている。しかるに、味方は大勢といえども、弱々しいへろへろ上戸の雑兵ばかりで、樽次方の人々に立ち合える者はいない。あまつさへ、底深も何とかしようと、今宵は臆しているように見えた。

かく申すそれがし（内徳坊）も、宵より数度の競り合いに攻められ、前後を忘れ、弓も無いうつぼ（矢の容器）だけの状態なので、最早お助けできません。

この時節をうかがい樽次が怒っているのなら、底深の命も危うくなります。この内徳坊も内損坊になるは必定。ただ速やかに降参しましょうと腕先をとって引き連れた。

力無く底深も樽次の前にひざまずき、今より後は御門外に駒を繋ぎます。樽次は大いにうち笑い。底深殿も今は底浅になってしまったと侮った。

その頃、誰によるものかわからないが、一首の落書が立てられた。

池上にすめる大蛇と聞きぬれど酒呑口は小蛇也けり

さて樽次は今こそ本望をとげた、函谷関（秦の始皇帝が大勝した地）ではないが、酉の刻（午後六時頃）

を限り（函谷関の鶏声の故事に倣う）に大師河原を立ち、南河原に勝利を報告した。今日まで鬼神といわれた底深に、わずか三時（さんとき・六時間ほど）で競り勝った。恐ろしき事である。

「付録　古写本の「底深樽次和睦の事」の部分

この時節をうかがい必死の合戦を続ければ、両将の御命も危うくなります。この内徳坊も内損坊になるは必定。ただ戦意の尽きないうちに双方和解がふさわしと申すと、底深樽次両将も、誠にもっともと申された。ぜひとも互いに今よりは、長命を願い酌み交わすことこそめでたいと、双方互いにまるく収まる。心のどかに三日三晩酌み交わした。さて樽次はさらばと挨拶して、函谷関の故事ではないが夜明けの鶏声を限りに大師河原を出て、南河原に帰陣した。」

［十九］樽次菅村に逗留の事付大塚へ帰宅の事

翌日、樽次は側に控える者たちを集めて、この度勝利を得たのは、あなたたちが何時に優れた事だ。さらには、樽次に酒運があった事だ。もはやそれぞれ帰宅して、このほどの疲れを癒すようにという。みな喜び、在所在所に帰っていった。

樽次は帰宅の前に、以前に治療で訪れた、菅村に立ち寄る。佐保田酔久の夫婦は迎えいれ、妻の命の恩人の、君のためにと色々な珍物を取り揃えて、様々に歓待する。主の情けにほだされて、ここにも数日滞在した。

すでに、妻と約束した九月上旬と成ったので、大塚へ帰ろうと、大黒という馬に白い鞍を置いて出立した。樽次がうち乗ると、その馬は有名な名馬で稲妻の如く走るので、今日は午の刻（正午頃）に大塚に着くと喜んでいると、樽次の帰りを妨げようとする、この街道の宿々のあぶれ者ども障害物を作り、ウンカの如く集まり、待ちぶせている。

されども、物の数にもせず、強い伏せ強い伏せ、通るはどこだろう。菅、菅生、登戸、喜多見、和泉、世田谷、目黒、渋谷などである。難所難所を過ぎて、青山宿に着いた。秋の日の時期で、程なく戌の刻（午後八時頃）ばかりになる。この宿の人々も酒林を立てて待ちうけるように見えるが、折から空も掻き曇り、先が見えない闇夜なので、通るのがわからないので、咎める者もない。

ここに樽次いるぞ。只今ここを挨拶なしに通れば、宿の者を恐れて、夜逃げしたなどと後日の噂話は家の不名誉なので名乗つた。とある木戸口に馬を止め、大音声で大塚に地黄坊が住むとは、かねて聞いているだろう。今は目にも見よ。この度は池上にうち勝ち、そのうえ、道中のあぶれ者どもことごとく押し伏せ、只今ここを通るぞ。われと思わん者は出てこい。勝負してやるという。宿の者どもこれを聞き。愚かなやつだ、夏の虫飛んで火に入るとはこのことだ。逃がすなといい、松明を取り、上を下への大騒ぎ。

中でも、サイカシ原の大六、大七という兄弟は、樽次を生け取りしようと、真つ先に走り寄る。樽次はそれを見て、あいつらは思慮のないものだ。近くに寄せつけては面倒だろうから、呑み捨てにしてやろうと、例の大杯を取つて引き受け。暫し保つて飛ばし、誤らず真つ先に進んだ大六の喉笛を破りながら抜けていき、後ろに控える大七の胴中に止まつた。何れも痛み無ければ、左右に倒れ臥し、前後不覚に見える。

宿の者らはこれを見て、かなわないと村々に逃げ帰った。その間に樽次は馬に鞭をいれ、大塚を目指して帰る。この威勢に畏敬して、貴賤男女とも全ての人々は、日々夜々にお参りして、囲繞渇仰（いにょうかつごう）と徳を慕って、周囲をめぐる。たるにたる（樽に樽・酒呑み酒呑み）、やなにやな（柳に柳・旨い酒旨い酒）という、感嘆の詞が重なつていき、繁栄していく。果報のほどこそ、めでたけれ（果報めでたし）。

（目録にある一揆退治の記載はなく、次のような跋文がつづく）

そもそも、この草子を思いついたのは、近くの山里に私を知る人がいたことによる。治療のために医師（樽次は医師）のもとへ通うときなどに、酒宴で遊興する友人を一人二人誘い、かの里人と敵味方の二手に別れて、毎日のように闘飲した。その戯れを如何なる伝手か、ある玉簾のうちの高貴な方に聞え、その戯れの様子を、聞きたいと思し召したので、取るに足らない身と、思う心を種としてよしあしのことの葉を（古今集仮名序に倣う）、藻塩草（書き集めるの掛詞）に、書き集めれば、難波（歌枕・雑多な意味）物語とも、人はいうことだろう。

第三章　千住の酒合戦（文化の酒合戦）

一　大田南畝の「後水鳥記」

大田南畝《なんぽ》は、寛延二年（一七四九）三月三日、牛込中御徒町の御徒組《おかちぐみ》の組屋敷の生まれ。大田家は代々、幕府の徒士《かち》衆を勤める小身の幕臣である。本名は覃《ふかし》、通称は直次郎。狂歌名は四方赤良《よものあから》、蜀山人《しょくさんじん》。狂詩号に寝惚《ねぼけ》先生。戯号に山手馬鹿人。その他の号多数。十五歳から内山賀邸に国学と和歌を、十八歳から松崎観海に漢詩文を学ぶ。狂歌で名を上げるが、洒落本、黄表紙も執筆。四十六歳で第二回学問吟味に御目見以下の筆頭成績で合格、二年後に支配勘定となる。寛政十三年（一八〇一）大坂銅座出張。文化元年（一八〇四）長崎奉行詰に二度目の抜擢、長崎ではロシアのレザーノフ来航に遭遇、初めてコーヒーを飲む。文化五年六十歳で最後の出張となる玉川巡視の傍ら、川崎の大師河原村を訪れる。この間、文政五年まで四十八年間に及ぶ筆録『一話一言』書き続けた。揮毫を乞う者が多く、毎月十九日に自宅で会を開いたが、亀屢と呼ばれた文宝亭こと亀家久右衛門に代筆させていた。文化十二年には六十七歳。文政六年（一八二三）四月六日、七十五歳で没す。住いは駿河台太田稲荷向。

文化十二年十月二十一日（西暦一八一五年十一月二十一日）江戸北郊千住宿、現在の足立区千住一丁目の飛脚宿の隠居中六こと中屋六右衛門の家で還暦の祝いがあり、その余興に酒の飲みくらべの大酒会がおこなわれた。世にいう「千住の酒合戦」である。あらかじめ案内を送り、大酒会に参加した者は百人余り、これに当時の著名人で下谷の三幅対といわれた、酒井抱一《ほういつ》・亀田鵬斎《ぼうさい》・谷文晁《ぶんちょう》をはじめとする文人・画家が見物人として招かれ大いに盛り上がったようである。この大酒会の様子は録事《ろくじ》（記録係）となった二世平秩東作《へづつとうさく》がまとめ、それを主催者の依頼を受けて大田南畝が「後水鳥記」（読みは国書総目録の統一書目に従えば「ごすいちょうき」）と名付けた戯文に仕上げた。後に、亀田鵬斎の「高陽闘飲」の大書と漢文序、酒井抱一の門前図、南畝の後水鳥記、谷文晁・文一《ぶんいつ》合作の酒戦図、大窪詩仏《しぶつ》の漢詩、狩野素川彰信《そせんあきのぶ》の盃図、市河寛斎《かんさい》の漢文跋で構成される「闘飲図巻」と名付けられた図巻が制作された。

【後水鳥記】現代語訳（大田南畝全集第二巻翻刻を底本）

文化十二年十一月二十一日（十一月は十月の誤り、南畝の錯誤である）、江戸の北の郊外千住のほとり、中六（中屋六右衛門）という者の隠宅（隠居所）で酒合戦という事があった。会場の門には一つの聯《れん》（看板）が懸けられてあり、「悪客（割註：下戸、理窟）庵の門に入るを許さず　南山道人書」と記してあった。玄関とでも言うべき所に袴をはいた者が五人いて、来会者に各自の酒量を質問し、参加証を渡して控室に入らせ、案内して酒合戦の席に着かせた。酒合戦の会場では、白木の台に大盃を載せて出していた。その盃は、江島盃五合入、鎌倉盃七合入、宮島盃一升入、万寿無彊《ばんじゅむきょうの》盃《さかずき》一升五合入、緑毛亀《みのがめの》盃《さかずき》二升五合入、丹頂鶴盃三升入というもので、その名称はおのおのその盃に施された蒔絵によっているのであろう。干肴としては台の上には、からすみ、花塩、さざれ梅などが盛ってあった。もう一つの台の上には、蟹《かに》と鶉《うずら》の焼鳥とが盛ってあった。鯉の身が美しく調理された羹《あつもの》（濃漿《のうしょう》＝鯉濃《こいこく》）があり、それには鯉の卵も添えられた。

酒合戦を観戦する来賓の席には、紅の毛氈が敷かれ、青竹を使って囲ってあった。来賓は屠《と》龍公《りょうこう》（酒井抱一）、それに写山《しゃざん》（谷文晁）、鵬斎（亀田鵬斎）の二先生、その他有名な方々であった。歌妓《うたいめ》四人が酌をして勧めた。

言慶（伊勢屋言慶）という老人は六十二歳とかいったが、酒三升五合あまりを飲み干して座を退き、通新町あたりの秋葉社のお堂で休憩し、一眠りしてから家に帰った。大長（大坂屋長兵衛）とかいった男は四升あまりを飲み尽くして、会場近くに酔って臥していたが、翌朝辰の時（午前八時頃）に起き、また一人で一升五合の酒を飲んで二日酔いを醒まし、昨日世話になった人々に挨拶して家に帰ったという。

掃部宿《かもんじゅく》（千住宿の一部）に住んでいる農夫市兵衛は、一升五合入るという万寿無疆盃を三盃ほど立て続けに飲んだが、肴として口にしたのは焼いた唐辛子三つだけであった。翌朝、叔母が心配して市兵衛の家を訪ねて行くと、人から貰った牡丹餅というものを囲炉裏で焼いて食べていたというのもおかしい。

また、これも市兵衛と同じ所で米屋をしている松勘（松屋勘兵衛）という男は、江島盃から飲み始めて、鎌倉、宮島盃を飲み尽くし、万寿無疆盃までいったが、少しも酔った様子はなかった。この日、松勘は大長と酒量を闘わせて、当日の相撲の一位、二位を争ったが、決着がつかず、明年八月の第二回の酒合戦まで預かり勝負となり、両人をなだめて置いたという。その証人は一賀、新甫、鯉隠居《こいのいんきょ》（坂川屋利右衛門）の三人である。

小山という宿場に住んでいる佐兵衛という男は、二升五合入るという緑毛亀盃で三度飲んだという。北里の中の町に住む大熊老人（大野屋茂兵衛）は盃を重ねた後、最後には万寿無疆盃を傾け、その夜は小塚原という所で遊女を呼んで遊んだと聞いている。浅草御蔵前の正太という男は、この会に行こうとして、森田屋某のもとで一升五合の酒を飲み、雷門の前まで来たところ、その妻が追いかけて来て袖を引っ張って止めた。その辺りに住む侠客の親分と呼ばれている者がやってきて、仲裁に入り、なだめてこの夫婦を家に帰したが、翌日正太は千住にやってきて、昨日は参加できなくて残念だったことを語り、三升の酒を一升枡で一気に飲んだという。

石市（石屋市兵衛）という男は万寿無疆盃を飲み干して、酔心地で大尽舞の唄を唄い舞ったのも勇壮であった。大門《おおもん》長次（荻江長次）という有名な男は、酒一升、酢一升、醤油一升、水一升を三味線の響きに合わせて、それぞれ飲み尽くしたのも面白かった。『宇治拾遺物語』にある「盗跖《とうせき》と孔子の問答の事」の「我が心にかなはば用ひん。かなはずは肝鱠《きもなます》に作らん」や『荘子《そうじ》』にある「孔子が盗跖の所に行くと、折しも人間の肝の鱠を食べていた」ことを思ったものなのであろうか。

馬喰町の茂三は緑毛亀盃を傾け、千住に住んでいる鮒与（鮒屋与兵衛）という者も同じ盃を傾け、一日中客をもてなして、小さな盃で飲んだ数は限りがない。天五（天満屋五郎左衛門）という者は五人と一緒に酒を飲んで、飲敵はみな倒れてのびてしまったが、自分ひとりは平気であった。歌妓のおいく、お文は一日中お酌をして、自分たちも江島盃や鎌倉盃で酒を飲んだ。そのほか女性陣では、天満屋の美代女が万寿無疆盃で酒を飲み、酔った人の世話をしたが、自分は酔った様子には見えなかった。菊屋のおすみは緑毛亀盃で飲み、おつたという女は鎌倉盃で飲み、酔って近所に寝てしまったという。このほか、酒を飲んだとはいえ、その量が一升に満たない者は省いてここでは言及しない。

写山、鵬斎の二先生はともに江島盃と鎌倉盃を傾け、そのほか小さな盃で飲んだ回数は数えられないほどであった。主催者は会の帰りを駕籠で送らせましょうと言っていたが、今日の祝いの宴席に、この辺りの宿場人足たちも酒樽の鏡を打ち抜いて瓢《ひさご》で汲み、思う存分に飲んでいたので、宿場人足たちが嫌がるのを恐れていたが、やはり皆酔い倒れてしまって駕籠をかくものがいなかった。この日の料理を掌った太助という男は、朝から酒を飲んでいて、ついに丹頂鶴盃を傾けたという。

宴席の酒もたけなわになって、すでに盃や皿があちらこちらに散乱するというありさまになっていた。そうした頃、門の外から案内を請うて入って来た者があった。「どなたですか」と問うと、「会津からの旅人某ですが、この会の事を聞いて、宿屋の主人と押しかけて参りました」と言う。すぐに会場の席に座って、江島盃、鎌倉盃より始めて宮島盃、万寿《ばんじゅ》無《む》疆盃《きょうのさかずき》を飲み尽くし、緑毛亀《みのがめ》盃《のさかずき》まで合わせて五盃を飲み干し、なおそのうえ丹頂鶴盃にまで及ばないのを歎いた。その場にいた一座の人々はびっくりして、丹頂鶴盃への挑戦はおしとどめた。その人は「よんどころない所用があって、明日は故郷に帰るつもりですので、どうにも仕方がありません。ああ、明日の用さえ無ければもう一盃を飲みつくしましょうものを」と言って一礼して帰っていった。人を遣わしてその後の様子を聞かせると、翌日の辰の刻（午前八時頃）に旅立ったとか。この日、机に向かって酒量を記録したのは、二世平秩東作（鈴木光村）であったとか。

むかし慶安二年、大師河原の池上太郎左衛門《ママ》底深のもとに、大塚に住む地黄坊樽次というものが主だった上戸を引き連れて押し寄せ、酒合戦をした時の「犬居目礼す古仏の座」という記事が『水鳥記』に見えている。今年、鯉隠居の主人がやってきて、「再びこの酒合戦というものを催します」と語るので、「犬居目礼す古仏の座、礼失して諸《これ》を千寿の野に求む」ということを書いて贈ったところ、この日の掛物にしたと聞いている。

このように巨大な鯨が百の川の水を吸い尽くすような際限のない酒豪たちが、一日中静かに飲んで乱れることがなく、礼儀を失わないというのは上代にもめったになく、末代にもまた稀なことであろう。これはこの度の会の主催者である中六の六十の賀を祝って、このような世にも稀なる戯れ事をなしたのだという。

あの醍醐帝の延喜の御代、「亭子院《ていじいん》に酒をたまわりし記」を見るに、その時選ばれて参上した者はわずかに八人だったが、一座の者はみな酩酊して立居もままならず、ある者は門の外に倒れ臥し、ある者は御殿の上に何とも言えぬものを吐き散らし、わずかに乱れなかったのは藤原伊衡《これひら》ひとりだったので、駿馬を賜って誉められたということである。それは朝廷の美談であるが、こちらの酒合戦は民間草莽《そうもう》における奇談である。

今や隅田川の流れは尽きることなく、筑波山の草木の茂る御山容を仰ぎ見る武蔵野が広々と広がっているように、広大な今の世のお恵みが、延喜の御聖代にも勝っているであろうことは、この一巻を見て知るべきであろう。
　六十七翁蜀山人　緇林楼上にしるす

　南畝が引き合いに出した「亭子院《ていじいん》に酒たまわりし記」は平安後期の漢詩文集『本朝文粋』に紀納言（紀長谷雄）「亭子院賜飲記」として収められている。刊本は寛政六年刊と正保五年刊とその後印本で、十四巻と目録一巻を付した古活字本が知られる。南畝の蔵書目録『南畝文庫蔵書目一』（『大田南畝全集』第十九巻）に「本朝文粋　十五巻　活字本」とあるのは、そのいずれかで、南畝は自身の蔵書をみていたことがわかる。延喜十一年（九一一年）六月十五日に宇多法皇の住いである亭子院でおこなわれた酒の飲みくらべのおおよそは南畝の文でわかるが、どのような飲み方であったのかを「本朝文粋」『新日本古典文学大系』岩波書店の書き下しから引用する。

　爰《ここ》に勅命有り、二十盃を限り、盃の内に墨を点じ、その痕際を定め、増せず減せず、深浅平均なり。遆《たがひ》に各《おのおの》雄と称して、口に任せて飲み、六七巡に及び、満座酩酊せり。（中略）纔《わず》かに乱れざるものは伊衡《これひら》一人なり。殊に抽賞有りて、一駿馬を賜ふ。事十盃に止まり、更にまた酌まず。（中略）各各《おのおの》に纏頭《てんとう》ありて、倒載して帰る。（中略）ああ、始めその名を聞きては、伯倫《はくりん》再び生まるとも、なほ相抗すること難しと。（中略）古《いにしえ》のいはゆる羊公《ようこう》の鶴とは、諸君の喩《たとえ》か。

新日本古典文学大系本の補注をもとに現代語にしてみる。

勅命により、一人二十盃に限るとされ、盃の内側に墨で印を付け、増やしたり減らしたりせず、みな同じ量になるようにする。皆それぞれに自分こそ一番だといって、口にまかせて、六盃、七盃と飲んだところで、満座のものは酩酊《めいてい》した。（中略）わずかに乱れなかったのは藤原伊衡《これひら》一人だけである。伊衡は殊に優れたものの功賞として駿馬《しゅんめ》一頭を賜ったが、飲んだのは十盃まででそれ以上は飲むことができなかった。（中略）参加した者はそれぞれ引出物を賜ったが、酔っぱらってしまい逆さまに車に乗せられ帰っていった。（中略）賜酒に応じた酒豪の名を聞いた当初は、皆あの劉伯倫が再び生まれ現れたとしても、やはりかなうまいと思ったが、劉伯倫に対抗するなど出来なかった。昔の羊公の鶴というのは、参加者諸君のことを喩《たと》えていったものか。羊公鶴とは、羊祜《ようこ》のもっていたよく舞うはずの鶴が客の前では羽をバタバタさせて舞おうとしなかった、期待外れのことの喩《たと》えである。

期待外れの酒豪らと伝えられたが、酔い潰れて車に逆さまにのせられ帰っていったのに比べれば、駿馬を賜った藤原伊衡は朝廷の美事なのだろう。飲み方は、一定の位置に印を付けた盃を用いて公平を期して盃数を競うものである。伊勢貞頼が室町後期の享禄元年（一五二八）に著わした武家故実の書『宗五大草子』に「十度《とたび》のみ」という飲みくらべのことが記される。同じような飲み方をしたのかもしれない。

十度《とたび》のみとは。縦《たとえ》バ十人丸く居て。盃を十中に置きて。先壹人《いちにん》盃とてうし（銚子）を取りてはじめさせ申し。さて次に人にさして。其人にてうし（銚子）を可渡。扨又次の人のみて前のごとくすべし。まはり酌也。盃を請取てから銚子を人に渡し候迄。物をもいはず肴をもくはず口をものごふべからず。若《もし》さやうの事あれば。とがおとしとてのませらるゝ也。盃ハ人の器用によりて三ど入白土《しろかわ》器《らけ》などにても侍る也。あひの物などにてハ見をよび候はず候つる。とがおとしの盃ハ。あひの物《もの》五ど入りなどにて候し。又十度のみの盃には酒の入候程墨《すみ》を付候。

車座に座り、各自前に盃を置き、最初の者が銚子から自分の盃に注いで飲み干し、次の者に酌をしてやり、銚子を渡す。次の者も同様に順次繰り返していく。盃を受けてから銚子を渡すまで、言葉を発したり、肴を食べたり、口を拭ってはいけない。そのようなことがあれば罰杯を飲まされる。十度のみの盃には酒の量を一定にする印が付けられた。

千住の酒合戦での最初に飲む量を申告しての飲みくらべは、どこから思いついたものか。『五雑組《ござつそ》』ではないかと考える。『五雑組』との関係は後の節でくわしく述べる。

文化十二年十月二十一日（西暦一八一五年十一月二十一日）江戸北郊千住宿、現在の足立区千住一丁目の飛脚宿の隠居中六こと中屋六右衛門の家で還暦の祝いがあり、酒の飲みくらべ会を開いた。その様子を南畝は「後水鳥記」にまとめたが、揖斐高氏が酒合戦展解説で述べているように伝聞のかたちであることから、南畝は出席していなかったようである。「後水鳥記」に、この日酒量を記録したのは二世平秩東作とある。高田与清『擁書漫筆』巻第三に酒戦の記録を要約して記したあと「この酒戦記は平秩東作が書きつめたりし也」とあり、二世平秩東作が取りまとめたものを、おそらく鯉隠居が南畝のもとを訪れて闘飲記の作成を依頼したものと思われる。

二　「後水鳥記」を読み解く

後水鳥記の内容を九つの項目に分けて読み解いていく。

聯

門に「不許悪客　下戸・理窟　入庵門　南山道人書」という聯《れん》をかけたとある。聯を看板と考えると通常は木の板が想定される。南畝草稿を見ると南山道人書のあとに、判読しがたい文字のようなものが一つある。強いて判読すると「冊《さつ》」に読める。国立公文書館蔵『視聴草《みききぐさ》　九集之十』所収の「後水鳥記」と東京都立中央図書館蔵の『後水鳥記』にも同一箇所に「冊《さく》」のように見えるものがそれぞれ一つある。どれも「かきもの」と読むと紙に書いたものと推定できる。それでは南山道人は誰であろう。道人を「どうじん」と読めば書家であるが、「どうにん」と読めば僧侶となる。書の内容は禅寺の門前にある戒壇石「不許葷酒入庵門」に倣ったものである。この時期に存命で、書家として江戸で有名な禅宗の僧、なおかつ南山道人の号を用いている人を調査すると、仙台の正宗山瑞鳳寺（臨済宗妙心寺派）第十四世住職の南山古梁《なんざんこりょう》が比定される。仙台に住居するが相模国の生まれ、江戸で修業をして、寛政五年（一七九三）に瑞鳳寺住職に迎えられている。書家としても有名で南山道人の号を用いている。代表作の一つに東北歴史博物館（宮城県多賀城市）の「富士図自画賛」があり、これも南山道人の号である。「富士図自画賛」は東北歴史博物館のホームページで画像公開されていて、拡大して見ると畳の目が読み取れる。席画ではないかとされるものである。南山と席画の関係でみると、寛政十年に仙台城下の西光院で書画会が開催され、南山と交流をもつ文化サークルが形成されていたという。（『飛翔　仙台商工会議所月報』二〇一〇年七月号）

遠く離れた仙台の南山とどのような交流があったのかを考察すると、中屋六右衛門の家業である飛脚宿と関係すると思われる。巻島隆氏「千住酒合戦の舞台「中六」とは？広がる飛脚ネットワーク」で、中屋が江戸定飛脚問屋京屋弥兵衛の手引帳『京屋大細見』（逓信総合博物館蔵）に名前が確認される。江戸定飛脚京屋のネットワークを利用すれば京屋仙台店まで物を届けることが可能である。また飛脚屋の支配人層は文芸に関心を持つ者が多いという。京屋仙台店を通じて中屋が南山と交流した可能性は高い。それにしても、なぜ遠い仙台の南山に依頼したのか。南山から祝いの書をもらい、『詩経』「鹿鳴之什天保」にある「南山之寿《なんざんのじゅ》」（人の寿康を祈り、祝う詞句）として当日の掛け物としたかったのではないか。送られてきたものが、禅寺の門前にある戒壇石をもじった「不許悪客　下戸・理窟　入庵門」という書であったので、聯として門前に掲げた。このため、当日の座敷の掛け物は改めて南畝に依頼したものと考える。この聯には伝説がある。建部巣兆の秋香庵の入口に同様の聯が掛けられていて、文化十二年の酒戦会でも使ったという。さらに詳細な後日譚が伝わる。（磯ヶ谷紫江『建部巣兆と千住』）

秋香庵の此の聯は後になって、明治中期頃に、河原横町の途中にある三峯小祠の土抱になってあったのを発見して、同地青物川魚問屋二合半中田勝太郎氏が所蔵されて居たそうであるが、同家の後嗣が絶えたので、此の聯も今は何處に行っておるか判明しない。此の聯が三峯小祠で発見された時は、それが途中から折れて半分は失われてゐたので、秋香庵のすぐ附近に住んでゐた光琳派畫家村越向榮が文字を加えて継ぎ足した。

戒壇石をもじった同一内容の聯が庵の入口あったとしても、それを酒戦会のものとするのはあまりにも短絡である。同一内容の別の物と見るべきである。

この日、用意された盃は、江島盃五合入、鎌倉盃七合入、宮島盃一升入、万寿無彊盃《ばんじゅむきゅうのさかずき》一升五合入、緑毛亀《みのかめの》盃《さかずき》二升五合入、丹頂鶴盃三升入の六種で高蒔絵の大盃である。「後水鳥記」に宮島盃は一升入りとあり、『擁書漫筆』に厳島《いつくしま》杯(宮島盃)は九合盛とあるが、「後水鳥記」に「其量一升にみたざるははぶきていはず」とあり、「高陽闘飲序」も「其の籌の斗(一升と思われる)に満たざる者は、此の数にあらず」とあるところから、一升入りが正しいのであろう。万寿無疆盃の「万寿無疆《ばんじゅむきゅう》」という言葉も『詩経』「鹿鳴之什　天保」にあるもので、長寿を祝う詞句である。

肴

酒の肴は、からすみ(ボラの卵巣の塩漬を干し固めたもの)の薄切り、花塩(焼塩を花の型に入れて固めたもの、どのような形か記載はないが長寿の祝いなら菊花か)、さゞれ梅(小梅漬、『本朝食鑑』では梅干しとは区別している)。蟹があるがこの時期ならば、江戸湾で捕れたガザミ(ワタリガニの仲間)を茹でたものを酢または二杯酢で食したものであろう。鶉の焼鳥は鶉の開いた胴部の一羽分を串焼きとしたもの。羹《あつもの》(汁のある煮物)は綾瀬川で捕れた鯉を筒切の切り身にして味噌で煮た濃漿《のうしょう》(鯉濃《こいこく》)で、椀の脇に黄色味を帯びた鯉の卵を酒で煎ったものを添えて出した。ほかに焼いた蕃椒(唐辛子)もあったようで、掃部宿の農夫市兵衛はこれだけを三つ肴にしている。

この日の料理を掌った太助は、朝から酒を飲みながら最後に三升入り丹頂鶴盃を傾けたとあるが、茶屋兼飛脚宿中屋の元々の料理人なのか疑問がある。天保末期の随筆「貴賤上下考」に次の記事がみえる。

> 享和より、文化、文政の頃迄、江戸料理やに、名高き料理人をかゝへて、王子のなべ金蔵、今その種を残して、長いも、玉子焼のこる、大おん寺前田川屋の店開きは田助が名を残す、八百松は木挽町芝居茶屋高島やの五助に名を揚る、大伊の小伊のは二町まちに居て、その茶屋を繁昌させる、大

坂喜八は薬研堀に見せを開きて人をよぶ、そのまヘに至りて多くの料理人有れども、名に聞へたるは此人々にて、世の中の通り者客は、料理人をたづねて、その内へ行、田介を喰に行く、八百松を喰と、人をさしてたづね行しもの、今の世の中には更になし、故にその茶屋にて、高金を出して料理人をかゝへしものといふ、当節は名高きものありても、客は一向構はず

「貴賤上下考」に太助の名はないが、後出の「酒戦会番付」は一区画を設けて太助の名がある。特別に頼まれた名の知られた料理人と考える。闘飲図巻の台所の場面で洗い方に背を向けて、板の間に置かれた俎板（坐り板）の前に座り、庖丁を握っているのが親方の太助である。背を向けていても、親方は鍋の煮え加減、炭火の熾き加減を、音を聞いて判断し、洗い方に指示をしていた。

酒

酒は伊丹の銘酒「玉緑（たまみどり）」である。この酒の銘柄について、長崎平戸藩の前藩主松浦静山は『甲子夜話』に「予が相撲二代目錦は、かの伊丹の産にして、今茲京帰のとき、刻行のものを上《たてまつ》る」として抱え力士の土産の伊丹銘酒の薦包《こもづつみ》印六十四種を板行したものを綴りこみ、その中に玉緑が見られる。時代は下るが東京都中央図書館蔵『新撰銘酒寿語禄』文久元年刊は双六の体裁をとりながら銘酒八十種を載せ、色刷りの玉緑の薦包印を見い出すことができる。玉緑は銘柄としては有名なもののようである。伊予節の替唄に「これは新川名酒の名寄せ、強い剣菱、男山、泉川には四方《よも》の瀧水、白菊、泡盛、玉みどり、宮戸川には満願寺、七つ梅には三國山、かみやの菊に壽、めでたい老松、養老酒、萬年酒」というのがあると、忍頂寺務氏「酒のお江戸」にみえる。

伊丹の酒を吉田元氏『江戸の酒―その技術・経済・文化』は次のように述べる。

「近世初期の江戸向け酒の主生産地は伊丹で、伊丹酒は「丹醸《たんじょう》」と呼ばれたが、その麹《こうじ》歩合は奈良酒よりも低く、汲水《くみみず》（加える水）をやや多くするタイプだった。また上槽前に焼酎を加えて酒質を強化し、すっきりとした辛口酒が出来た。この技法は「柱焼酎」と呼ばれ、今日のアルコール添加のはしりである。伊丹の小西酒造（白雪）に伝わる文書によれば、元禄十六年（一七〇三）の仕込みは、三段掛けで総米九石七斗、醪《もろみ》の総量十五石三斗六升で、先の南都諸白より十数倍も増加している。麹歩合は酛《もと》が三割三分、添《そえ》の各段階で二割五分から三割である。このように次第に生産規模は増大したが、加えた水の量を総米で割った汲水歩合は奈良諸白とあまり違わない〇・五八（五・八水という）にとどまり、後年の灘酒に比べるとまだ低い。伊丹酒とさらに後発の灘酒を比較すると、灘酒はアルコール濃度を低下させることなく、米を有効に利用し、同一量の米からより多くの酒をつくることができた。幕末の灘酒が米十石に対し水十石を加える「十水《とみず》」の仕込みという、「延びのきく酒」の大量生産を可能にしたのにくらべ、伊丹酒の技術面での立ち遅れが目立ってくる」。

伊丹の酒が辛口のすっきりした酒であったことがよくわかる。亭子院《ていじいん》の酒合戦の酒が「甘みが強く、トロリとした粘稠性のある濃醇酒」（小泉武夫氏『日本酒の世界』）であったのとは対照的である。また伊丹の酒が衰退した理由として、天保十一年の灘での宮水の発見や灘が港に近いことがよくいわれるが、「延びのきく酒」という技術的なことも一因であるのがわかる。玉緑も後には伊丹から灘に移っていった。（『酒造関係史料雑纂66』）

前出の小泉武夫氏は『奇食珍食』や『酒肴奇譚』で江戸の酒は濃醇酒を水で四倍に薄めたもので、薄め酒の代名詞「むらさめ」と紹介し、酒合戦の大酒にも用いられたとしている。伊丹酒を用いたのをご存知なかったようだ。

酔客

後水鳥記に酔客の名は二十一人あがっているが、後出の『擁書漫筆』も参考にして整理してみると次のようになる。

【見物客】二人

文晁（谷文晁）江島・鎌倉盃（一升二合）のほか小盞多数

鵬斎（亀田鵬斎）江島・鎌倉盃（一升二合）のほか小盞多数

【飲みくらべ参加者】酒量順十一人

下野小山《しもつけおやま》・佐兵衛　七升五合

河田某（会津の旅人）　六升二合

千住掃部宿・農夫市兵衛　四升五合

大長（馬喰町・大坂屋長兵衛）四升（翌日に一升五合）

千住掃部宿・松勘（松屋勘兵衛）三升七合

言慶（新吉原中の町・伊勢屋言慶）三升五合

馬喰町《ばくろちょう》・茂三　二升五合

浅草御蔵前《おくらまえ》・森田屋出入の左官正太　三升（ただし翌日のこと）

大熊老人（新吉原中の町・大野屋茂兵衛）一升五合ほかに小盞数盃

来ル文化十三年子年八月、於于江戸両國萬八楼上、諸家珍蔵杯合再會

鈴伊（版元印）改

東ノ方

千代倉 丹頂鶴杯 三升入 — 大関 立石 如鯨

緑毛亀杯 二升五合入 — 関脇 吉原 宮慶

小結 馬喰町 大長

萬壽無彊 一升五合入 — 前頭 御蔵前 正太

同 吉ハラ 大熊
同 馬くろ子 茂三
同 大門 長治
同 千住 百左
同 同 百忠
同 同 伊世七

同 千住 鮒善
同 吉ハラ 荻喜
同 同 荻佐
同 千住 鰹子
同 吉ハラ 耳声
同 千住 中重
同 同 桔平
同 竹塚 和調

同 千 鱸松
同 同 中万
同 金儀
同 同 津喜
同 同 川茂
同 同 仙市
同 同 中政
同 同 吉太
草カ 似郷

當日清酒銘 玉緑 上竹

其外壱升已下東西ともに略申之也

為賀壽

文化十二年十月廿一日 倣慶安古例於中六隠宅

酒量を戦はしめ優劣をわかつたはむれをなす

見物
蝶々先生 竹翁東子
緇林先生 平秩東作
鵬斎先生 其外名家諸君子

銚子
両国 天満家
幾久屋
吉原
ぶん きく いく つた 姑代 壽美 かつ くめ えん れん

世話役
鯉隠居

勧進元
中六隠居

差添
千住川魚仲間
天満屋五郎左エ門
鮒屋与兵衛

西ノ方

宮嶋杯 一升入 — 大関 會津旅人 河田某

鎌倉杯 七合入 — 関脇 千住 石勘

小結 同 百市

江島杯 五合入 — 前頭 下野 小山佐

同 千住 石市
同 同 鮒源
同 同 煙長
同 同 亀七
同 同 油平
同 同 鮒喜

同 千住 畳太
同 吉ハラ 大又
同 同 三傳
同 同 小熊
同 同 湊佐
同 千住 鮒新
同 同 名倉大
同 同 芋定

同 千 東勘
同 同 鮒傳
同 同 吉忠
同 同 酒新
同 同 石小
同 同 二捨
同 同 會万
同 同 山吉
同 同 煙辰
同 セサキ 仁左

取持 吉原 一賀 同 新甫 根岸 静養庵

准取持 川原青物市場 三平 乙二郎 冨蔵

料理方 太助

はんもと かまくら源五郎

「為賀壽」千住の酒合戦番附　翻刻

石市（千住掃部宿・石屋市兵衛）一升五合
大門長次（新吉原）水一升、醤油一升、酢一升、酒一升
【接待側】八人
鮒与（千住掃部宿・鮒屋与兵衛）差添　緑毛亀盃（二升五合）ほか小盞
天五（千住掃部宿・天満屋五郎左衛門）差添　三、四升（『擁書漫筆』）
天満屋美代女（天満屋五郎左衛門の妻）酌取　万寿無疆盃（一升五合）
おいく　酌取　江島・鎌倉盃（一升二合）
お文《ぶん》　酌取　江島・鎌倉盃（一升二合）
菊屋おすみ　酌取　緑毛亀盃（二升五合）
おつた　酌取　鎌倉盃（七合）
太助　料理人　丹頂鶴盃（三升）

記載のある飲みくらべ参加者は十一人で、『擁書漫筆』によれば最高位は六種の盃をすべて飲み干し合計九升二合飲んだ、松勘こと掃部宿《かもんじゅく》（千住宿の一部）に住む米屋の松屋勘兵衛であるが、これでは四升飲んだ大長こと大坂屋長兵衛と最手占手《ほてうらて》（第一位・第二位）を争う余地がなくなる。松勘が飲んだのは、「後水鳥記」にある江島盃から万寿無疆盃までの三升七合ということなのだろう。「後水鳥記」と『擁書漫筆』の盃の大きさや飲んだ量の差異は、共に酒戦の記録を書き送った二世平秩東作に責があると考えられる。

二世平秩東作

二世平秩東作《へづつとうさく》のことは森銑三氏が「平秩東作の生涯」で次のように記している。

「この人については、芍薬亭長根の『芍薬亭文集』初篇の中に（中略）「後《のち》の平秩庵東作、氏は鈴木、名は光村、武蔵国豊島郡豊島村、紀州明神の祠官也。年を享事六十八、文政八年八月廿日に卒。（中略）水筆を揮へば雲を起こし、龍の跳る勢あり。竹刀を舞せば風を生じて、虎を撃の気あり。わきてひな歌に心をとゞむる事深かりし。（中略）」と記してゐるのによって一通りのことが知れるが、（中略）東作の歿した寛政元年には三十二歳だったのであるが、東作との関係は明らかでない。（中略）あるいは東作の歿後、その遺族の許を得て、勝手に二世を称したのではあるまいか。」

『芍薬亭文集』は芍薬亭長根の文をまとめたもので二世東作の碑文が掲載される。二世東作の石碑は、六阿弥陀第一番・西福寺（北区豊島二丁目）に現存する。紀州明神も現存する紀州神社（北区豊島七丁目）である。現在は神職を柏木神社（北区神谷三丁目）が兼務のため常住していないが、以前は二世東作の子孫が神職を務めていたという。王子町編「王子町誌」昭和三年刊には、刊行当時の紀州神社神職鈴木誠次氏によればとして、二世東作・光村は鈴木誠次氏の曾祖父であるという。

二世東作は、酒合戦の頃千住宿に住んでいたようである。写本で伝わる『諸家人名江戸方角分』（国会図書館蔵、請求番号は別18—20）は南畝の手許にあったもので、奥書に「此書歌舞伎役者瀬川富三郎所著也」「文政元年七月五日竹本氏写来　七十翁蜀山人」と二条の記載がある。成立は文化十四年から同十五年（文政元年）にかけて。江戸を四十八の区画に区分して、区分ごとに人名を収録するが。千住宿の項に二世東作の名が見える。

千住宿

二世　　橋向　杵屋内

（狂歌師の合印）東作　　　　多門

号平原屋　元飛鳥山麓　神主

（俳諧師の合印）巣兆

千住宿の項には、二世東作を含め二名の記載があり、もう一名は建部巣兆ですでに故人だが故人の合印はない、消し忘れなのだろう。千住宿も江戸の範疇になっているが、（大橋の）橋向とあり、千住本宿か掃部宿の杵屋に居たらしい。翻刻が和装本の『諸家人名江戸方角分《ほうがくわけ》』近世風俗研究会としてある。書誌・考証については、中野三敏氏の『写楽　江戸人としての実像』中公文庫が詳しい。

中野三敏氏によれば、『諸家人名江戸方角分』の内容・性格は以下のようである。

「純然たる現存人名録、江戸板の最初は文化十二年（一八一五）九月、西村宗七板の扇面亭扇屋伝四郎編『江戸当時諸家人名録』中本一冊であろう。（中略）文化十二年板の『諸家人名録』全二百二十一名、同編者、同書肆による続編である文政元年板が、初編の洩れを拾って百三十八名。次いで文政三年には文化十二年板の校改板と見返しに記した初編の改訂板が出たが、これは初編と比べてわずかに二名の増補と一名の入れ替えを見たに過ぎない。（中略）『方角分』は明らかにこの現在人名録の系統をひいた新顔の人名録である。そして、千七十七名という収録人員の多さと、その種類もいわゆる「雅人」のみでなく、俳諧師・狂歌師・戯作者・浮世絵師といった俗文壇の人々をむしろ多く採用している。今『方角分』の編者の真意を忖度《そんたく》すれば、京坂に人名録の多きにもかかわらず、江戸にその挙なきを憂えていたところ、たまたま文化十二年に『江戸当時諸家人名録』の刊行をみたが、内容のあまりに雅人に傾けるを飽き足らずとして、俗雅を網羅する人名録の編纂にのり出したもの、とみておくことが出来るのではなかろうか。というのは、編者富三郎はその役者としての発端を上方芝居に属していた人であり、また『方角分』には、文化十二年板『諸家人名録』の収載人員二百二十一名のすべてをそっくりとり込んでいるというようなことを勘案して言えることである。」

千住宿二丁目の名主永野家に伝わる古文書に『旧考録《きゅうこうろく》』という古記録がある。前編と後編に分かれる。前編は千住二丁目の神社縁起で弘化二年の成立で作成者は永野彦右衛門政重。後編は千住の過去から当時までの事跡や千住にかかわる著名人の事跡など嘉永期までの内容が記載され、時期から永野長右衛門忠導と推測されている。後編に「平秩庵東作」の項があり「文化之年間に宿の半《なかば》字虎斑に住居す、後の平秩庵東作」で始まり、後には『芍薬亭文集』と同じ内容（西福寺の後平秩庵東作碑の碑文）が記される。「字虎斑《あざとらふ》」というのは千住宿一丁目の宿外にあった将軍鷹狩の鳥見役《とりみやく》の役宅である鳥見屋敷のあった辺りである。屋敷神が虎斑稲荷として信仰され、現存している。

幇間・男芸者

酒だけでなく水一升、醤油一升、酢一升、酒一升合計四升を飲んだ「名だゝるをのこ」大門長次はどんな男であろう。山東京山の『蜘蛛《くも》の糸巻《いとまき》』弘化三年序に「北廓のたいこもち、名高かりし五町と云ひし者」という幇間《たいこもち》を「名高かりし」とした用例がある。三味線の伴奏付きで飲み干すのも座敷芸のようであり、大門《おおもん》とは吉原大門のことと思われる。幇間（男芸者）ではないかと推測された。「吉原細見」で確認してみると、『新吉原細見　文化十三年春』の男芸者之部に荻江《おぎえ》長次の名があり、当時荻江風（明治になり荻江流という）といった三味線の伴奏で唄う座敷芸の一派の男芸者とみてよいであろう。『新吉原細見　文化十一年春』、『新吉原細見　文化十一年秋』（東京都立中央図書館蔵）には荻江長次の名はなく、文化十二年から座敷に出ていたと思われる。また当日の記録を記した「酒戦会番付」に「吉原　荻喜」、「同　荻佐」という名があり、「吉原細見」をみると男芸者之部に「荻江喜十」、「荻江佐久助」の名があることから、長次が朋輩を引き連れて参加したのであろう。

南畝は、長次を評するにあたり「かの肝《きも》を鱠《なます》にせしといひしごとく」といっているが、これは『宇治拾遺物語』にある「盗跖《とうせき》と孔子の問答の事」の「我が心にかなはば用ひん。かなはずは肝鱠《きもなます》に作らん」あるいは『荘子《そうじ》』にある「孔子が盗跖の所に行くと、折しも人間の肝の鱠を食べていた」ことを思ったものなのであろうか。

宴会の半ばで唄や踊りを披露することを「お肴舞《さかなまい》」といい、宴席の肴は料理だけでなく唄や踊りも含まれ主人、客ともこれを鑑賞するという。客が唄うものも芸人が唄うものもあったという。石市の大尽舞の唄や踊り、大門長次の酒一升、酢一升、醤油一升、水一升を三味線の響きに合わせて、それぞれ飲み尽くすという芸は、お肴舞である。

鯉隠居

南畝のもとを訪れ、酒合戦を再び催すと告げて掛け物を依頼し、おそらく二世平秩東作の記録を持参して酒戦記も依頼した鯉隠居《こいのいんきょ》こと坂川屋利右衛門（山崎氏）のことは、すでに『東京市史稿』の編纂をしていた島田筑波（一郎）氏が昭和十年に探訪記で発表している。千住河原町（千住宿の一部）のクワイなどの土物を扱う青物問屋の主人で、絵画（別号に六々隠居、頌酒堂）や俳諧（俳号鯉隠）もする文化人である。子孫の家で過去帳を確認し、「弥勒庵無着信士　安政元寅年七月十七日　鯉隠事」というのを見ている。鯉隠居は文化十四年五月に千住掃部宿の源長寺で行われた書画会の開催前後に、高田与清のもとを度々訪れていたことが与清の日記『擁書楼日記』）の記事（文化十四年四月二十九日、五月十九日、六月十一日）からわかる。同様に南畝を訪れたのであろう。

掛け物

南畝が鯉隠居に依頼されて書き贈った掛け物「犬居目礼古仏座《けんこもくれいこぶつのざ》、礼失求諸千《れいしつしてこれをせんじゅ》寿野《のやにもとむ》」を喜多村信節《のぶよ》（筠庭《いんてい》）は『嬉遊笑覧《きゆうしょうらん》』に次のように記す。

> 水鳥記といふ草子は酒戦の戯文なり、其中に犬虎目礼木仏座といえることあり。近年千住宿にて酒の飲みくらべしたる時、江戸の聞人《ぶんじん》に詩歌など乞いける。太《（ママ）》田南畝がこの冊子の語をとりて犬虎目礼木仏座、礼失求諸千寿野と書たり。この事を如何心得たるにかしらず。此草子もとより誤字多し。おもふに犬居目礼古仏座なるべし。犬居は犬の如く居る也。目礼は字の如く、目にて聊かゐしやくするのみ、古仏座はすこしも動かず居る、みな無礼講のふるまひなるべし、なめげなるを、此会の法とするなるべし。

南畝は、「後水鳥記」に「犬居目礼古仏座《けんこもくれいこぶつのざ》」としているが、信節の批判を後で知って草稿作成時に直してしまったのであろう。南畝の『玉川砂利』（『大田南畝全集第九巻』）に「犬居《ケンコ》目礼古仏の座など、いへる酒宴の道云々」と記しているが、欄外にさらに「犬居目礼古仏の座」と書き込んでいる。「犬居目礼古仏の座」を知らなかったわけではない。

強いて推論すれば、江戸板『水鳥記』の板元が「犬虎目礼木仏座」から変えたのではないかと考える。「犬虎目礼木仏座」では意味不明のため、「犬居目礼古仏座」に変えたのではないか。これなら信節の解釈したように理解できる。「犬居《いぬい》」は用例があり、「古仏《こぶつ》」も用例があり悟った者をいい悟った者は不動といわれる。京板『水鳥記』で慶安元年を慶安二年に時期を変え、両者和睦を樽次の勝ちに変えたのと比べれば、些細な変更にすぎない。

京板の国会図書館本『楽機嫌上戸』の「犬虎目礼木仏の座」の酒令部分の書込みに「虎疑ラクハ狐是」（虎というのは狐のことではないか）。この書込みは興味深い。「犬虎《けんこ》」では意味不明だが、「犬狐《けんこ》」ならば、三峰神社の社前には「山犬・狼」が、稲荷神社の社前には「狐」がそれぞれかしこまっている。

樽次は松原に到着のとき、鳥獣が騒ぎ立つのに気が付くが、「虎狼野干《ころうやかん》」が騒ぎ立つとしているのを疑問にかんじた。野山にいるのは「狐狼《ころう》」なのではないか、用例（平家物語二）では「竹林精舎、給狐《ぎっこ》独園も此比《このころ》は狐狼野干の栖《すみか》となつて礎《いしずえ》のみ残らん」とある。また別の用例（太平記十三）に「前には虎狼《ころう》の怒れるあり、後には熊羆《ゆうひ》の猛きあり」がある。「虎狼」は残忍のたとえ、「熊羆」（ヒグマ）は勇猛のたとえである。『水鳥記』には、『平家物語』と『太平記』からの引用があるので「狐狼」と「虎狼」の混同と考えられる。

南畝は「礼失求諸千寿野」と続ける。南畝の出典は『漢書』「藝文志」にある「仲尼有言、禮失而求諸野」と思われるが、孔子（仲尼）の言葉の本来の出典は不明である。漢書藝文志にあって、孔子に関する書物で現在正しく伝わっていないものとしては『孔子家語』がある。現存の『孔子家語』（新釈漢文大系53、明治書院）は、原本の散逸後に魏の王粛が偽作といわれる。現存の孔子家語に「仲尼有言、禮失而求諸野」はないので、原本と共に失われた可能性がある。

緇林楼

南畝は「緇林楼《しりんろう》上にしるす」と締め括っている。緇林楼は文化九年七月五日に引越した駿河台淡路坂（千代田区神田駿河台四丁目）の拝領屋敷を名付けたもので、晩年十一年を過ごした永住の地である。神田川を隔て湯島聖堂が望め、聖堂にある「杏壇《きょうだん》」の額にちなみ、『荘子』「漁夫」から緇林楼と名付けた。南畝はこの新居で後水鳥記をまとめことがわかる。出典を明治書院『新釈漢文大系8』を参考に示す。

（原文）孔子游乎緇帷之林、休坐乎杏壇之上。弟子読書、孔子弦歌鼓琴。

（書き下し）孔子緇帷の林に游び、杏壇の上に休坐す。弟子、書を読み、孔子、弦歌して琴《きん》を鼓す。

（通釈）孔子はある時、こんもりと繁った林の中に行き、杏《あんず》の木のはえた高台に腰をおろして休息した。弟子たちは書物を読み、孔子は歌を歌いながら琴《きん》をひいていた。

三　亀田鵬斎の「高陽闘飲序」と『闘飲図巻』

文化十二年の千住の酒合戦がどのようであったか、その様子を記す「闘飲図巻」の亀田鵬斎《ぼうさい》高陽闘飲序、大窪詩仏の漢詩、市河寛斎の漢文跋の書き下しで見ていく。

高陽闘飲序は、南畝『一話一言』自筆本に記載のある「高陽闘飲巻」のものを使用した。図巻のオリジナルに近いものとして採用したが、図巻との比較で脱漏と認めた箇所「或は七升」を図巻から補い［ ］で示した。

高陽闘飲序（書き下し）

千寿駅、中六亭主人、今茲《ことし》年六十。是に於て初度（誕生日）の宴を開き、闘飲の会を為す。乃《すなわ》ち期に先だちて招単（招待状）を発し、大いに都下田間（近郊）の飲客を集む。狂花《きょうか》俗に言うハラタチ上戸、病《びょう》葉《ば》俗に言うネムリ上戸、酒悲《しゅひ》俗に言うナキ上戸、歓場害馬《かんじょうがいば》俗に言うリクツ上戸の類の如きは、則ち概《おおむ》ねこれを断つ。吉の日を卜《ぼく》し、相会する者おおよそ一百余人。皆一時の海量《かいりょう》なり。各々左右に隊を分かちて相坐し、毎方一人席に升《のぼ》る。左右二人、相対して白《はく》（諸白《もろはく》）を挙ぐ。乃《すなわ》ち觴政《しょくせい》を立て、録事を置き之を督《とく》す。嬌女三人其の側に侍して給仕す。皆柳橋の名妓なり。一人盃を捧げて進み、其の前に舎《お》く。二人各《おのおの》注子を執《と》り、左右に之を注ぐ。其の酒はいわゆる玉緑、即ち伊丹の上醸。其の羹《こう》は則ち鯉魚、即ち綾瀬の鮮鱗なり。肴核（果物）雑陳、種々一ならず。其の盃は則ち描金彫鏤《ちょうる》、実に希世の珍なり。五升よりして之を登り、［或は七升］、或は一斗、或は一斗二升、三斗を受くるを至って大と為なり。或は一口に吸い尽す者有り、或は数口にして之を竭《つく》す者有り。大小の盞《さん》、一々其の籌《ちゅう》を傾くる者、是《こ》れ第一名と為すなり。其の余は則ち之を次いで差となす、各々簿録、以って甲乙の輸贏《しゅえい》を課す。其の籌《ちゅう》の斗に満たざる者は、此の数にあらず。各々双手盃を捧げて満を引き、轟飲一滴を余さず。実に長鯨の百《ひゃく》川《せん》を吸うが如し。観る者皆舌を吐き、座客喝采已《や》まず。飲み畢《お》わるに至るも、衆多言喧嘩有ることなし。皆礼を致し辞謝して帰る。余も亦《また》酒人なり。然りと雖《いえど》も吾自ら其の量の敵せざるを知り、退いて其の隊を逃げ、傍に在りて之を観る。乃《すなわ》ち歎じて云う。古人謂《い》へらく酒に別腸なる者有りとは、今日の人の如きか。宋の張安道、劉潜、石曼卿は日夜対飲するも、輸贏《しゅえい》を別たず。明の王漸、白下道士は闘飲して甲乙を定め、水蓮道人酒顛《しゅてん》を輯め、無懐《ぶかい》山人は酒史を著して、以て其の事を述べ、太平の盛事と為す。亦《また》宜からずや。嗚呼《ああ》主人寿已《すで》に六十、而して又、自ら此の太平の盛事を祝う。則ち主人の先《せん》（先祖）、其れ天の美禄《びろく》有る者か。時文化十二年、歳（太歳星）乙亥《おつがい》に舎《お》る、冬十月廿一日なり。

関東、鵬斎《ぼうさい》（号）老人與《おこる》（名）穉竜父《ちりゅうほ》（字）撰す

高陽闘飲序（現代語訳）

千住宿の中六亭主人は今年六十歳、誕生日の宴を開き、酒の飲くらべの会を行った。開催の期日に先立って招待状をおくり、大いに近郊の酒呑みを集めた。狂花《きょうか》（腹立ち上戸）、病葉《びょうば》（眠り上戸）、酒悲《しゅひ》（泣き上戸）、歓場害馬《かんじょうがいば》（理窟上戸）の類は概《おおむ》ねこれを断った。吉日をうらないさだめ、集まった者は一百余人。みな一時の大酒呑みである。左右に分かれて、それぞれ一人ずつ席につく。左右の二人、相対して酒の入った盃を飲み干す。飲酒の規制をさだめ、記録係を置き監督する。美女三人がその側で給仕する。みな柳橋の名妓である。一人が盃を捧げて進み、客の前におく。二人おのおの注子《ちょうし》を執って、左右に酒を注ぐ。酒は玉緑《たまみどり》という、伊丹の上等な酒である。羹《あつもの》は鯉魚で、綾瀬川でとれた新鮮なものである。

酒の肴と果物はいろいろなものをおおくならべる。用いる盃は金で描いた高蒔絵で、実に世にまれなものである。五升入りからはじまり、七升入り、一斗（中国の斗のことか）入り、一斗二升入りで、三斗入りがもっとも大きい。盃の酒を一口に飲み尽す者や数口で飲む者がいる。大小の盞《さかずき》を一つ一つ数とりして傾ける者を最初に名をとどめる。そのほかは順番を定めて、おのおの記録をして、勝負順位を割り当てる。飲んだ量が斗（一升の意と思われる）に満たない者は、この数に入れない。おのおの両手で盃を捧げてなみなみとついだ酒を飲む、がぶ飲みして一滴ものこさない。杜甫が飲中八仙歌の中で飲むこと長鯨（大きな鯨）の百川を吸うが如しと詠んだとおりである。観る者は皆ひどく驚き、座客の喝采はやまない。飲みおわっても、みなおしゃべりや喧嘩はない。礼をしてあいさつしてからもどる。私もまた酒呑みである。とはいえ自らの酒量の敵せざるを知って、その隊列を離れ、傍でこれを観る。とても感心する。古《いにしえ》の人がいうように酒は別腸（別腹）（宋の司馬光『資治通鑑』にみえる）という者がいるとは、今日の人をいうのであろうか。宋代の張安道、劉潜、石曼卿は日夜飲くらべしたが、勝負が決まらなかった。明代の王漸と白下道士は飲くらべして順位を定だめ、水蓮道人（夏樹芳《かじゅほう》）は『酒顚《しゅてん》』（酒狂いの意）に飲酒家の逸話をまとめ、無懐山人《ぶかいさんじん》（馮時化《ふうじか》）は『酒史』に飲酒家の小伝を著して、酒の飲くらべのことを述べ、太平のめでたいこととした。よいことである。主人は六十の長寿、そして、自らこの太平のめでたいことを祝う。『漢書』に酒は天の美禄《びろく》とあるが、主人の先祖は天からの賜り物の有る者であろうか。時に文化十二年、十二支の位置を示す太歳星（木星）が乙亥《おつがい》にある、冬十月二十一日のことである。

鵬斎が「高陽闘飲」としたのは、司馬遷『史記』にある酈食其《れきいき》が沛公《はい》（後の漢の高祖）に面会を求めて儒者とは会わないと断られたとき「吾は高陽の酒徒なり、儒人に非ざるなり」といった高陽酒徒の逸話によるとされる。ただ、司馬遷が記したのは別の話で、高陽酒徒は後の人が『史記』に付け加えたとされていて、『史記』の解説書では省略されることが多い。我が国にある『史記』の南宋版の板本（国立歴史民俗博物館本）の影印本をみると、酈生陸賈《れきせいりくか》列伝第三十七ではなく朱建伝の末尾にあり、付け加える際に場所を誤ったとされる。この話のもとは『太平御覧《たいへいぎょらん》』巻三百四十二（兵部）と巻三百六十六（人事部）にある司馬遷と同時代の陸賈《りくか》の『楚漢春秋』にある高陽酒徒の逸話とされる。

鵬斎は、明の夏樹芳《かじゅほう》の『酒顛《しゅてん》』と馮時化《ふうじか》の『酒史』を見て序文をまとめている。張安道らのことは『酒顛上巻』に「宋の張安道、字は方平。（中略）劉潜、石延年（石曼卿）、李冠と飲むに何杯飲むなどと言はず、ただ何日飲むとのみ言った」とある。王漸らのことは『酒史』に「王漸は臨江の人。（中略）或時南京で一人の善く飲む道士と飲み競べした。まず酒を甕の中に満たし、起って道士に一礼して甕を捧げ、鯨の川を吸うが如く一気に飲みほした。復び酒を満たして道士に勧めた。道士が飲んだ。そこで再び前の如く酒を満たして、道士に先に飲めと命ずると道士は強《し》ひて飲んで半ばに至り、跪《ひざまず》き謝《あやま》って云う「君には勝てません」と。王漸笑って曰ふ「是《こ》れしきのことで、何《どう》して飲み相手になれようか」と。更に大盃で酌み、一石《こく》を尽して（中略）遂に酔ふに至らなかった。」白下道士は白下（南京の異名）の道士の意味である。『酒顛下巻』には酈食其《れきいき》の記事もある。「食其《いき》は儒者の衣服を着て軍門に謁した。沛公《はいこう》（漢の高祖）は儒者を好まず、使者をして謝《ことわ》らしめて曰ふ「未だ儒者を見る暇はない」と。食其は剣を按《おさえ》え使者を叱って曰ふ「我は高陽の酒徒だ、儒者ではない」と。沛公は遽《にわ》かに之を延《ま》き入れて面會した」とある。鵬斎はここから「高陽闘飲」を想起したのかもしれない。

鵬斎が李白に傾倒していたことから、『史記』の逸話というより、李白の梁甫吟に引用する高陽酒徒ではないかと考える。梁甫吟四十三行のうち該当箇所を武部利男氏の書き下しと通釈でみる。

梁甫吟（十一行から十八行の部分）と書き下し

君不見高陽酒徒起草中　君見ずや高陽の酒徒、草中に起り
長揖山東隆準公　山東の隆準公に長揖《ちょうゆう》せるを
入門開説騁雄弁　門に入り説を開き雄弁を騁《は》すれば
両女輟洗来趨風　両女洗うことを輟《や》めて来たって風に趨る
東下斉城七十二　東のかた斉城七十二を下す
指麾楚漢如旋蓬　楚漢を指麾して旋蓬《せんぽう》の如く
狂客落拓尚如此　狂客落拓するも尚《な》お此《かく》の如し
何況壮士当群雄　何ぞ況《いわ》んや壮士の群雄に当るをや

梁甫のうた（十一行から十八行の部分）の通釈

君は知らないか、高陽の大酒のみが雑草の中から身をおこし、山東の鼻の高いおやじ（沛公）に軽い会釈をしたことを。

門を入るなり議論をはじめよくまわる舌でまくしたてたので、
二人の女はおやじの足を洗うのをやめ、あわてて彼のきげんをとった。
彼は東方におもむき舌先三寸で斉の七十二城を降伏させ、
楚と漢の両軍を指揮して風に舞うよもぎの穂のように手玉に取った。
きちがい先生と呼ばれおちぶれていた者ですらこういった仕事ができる。
まして血気さかんな志士が英雄たちにぶつかろうとするならなおさらだ。

梁甫吟には不遇の志士の時期到来を待つ気持ちを詠《うた》いあげているが、草野にいる李白の鬱屈がみえる。鵬斎も寛政異学の禁に反対し、自らの学塾を閉めてしまい「吾は高陽の酒徒なり、儒人に非ざるなり」の心境であったであろう。高田与清の『松屋筆記《まつのや》』巻之十四の「文人の素性」によれば、この時期の鵬斎は「大田南畝は御徒也。今は支配勘定に登用せらる（中略）亀田鵬斎は横山町の鼈甲屋《べっこう》也（中略）かくいふ与清は（略）」と南畝らとならび記されていて、李白の心情に共感するものがあったとみるのは、うがち過ぎであろうか。

「闘飲図巻」の大窪詩仏の漢詩を見る。詩仏の漢詩にはなぜだか「酒」の文字が脱漏するので、南畝の『一話一言』自筆本に従い「酒」を補った。

大窪詩仏は、詩人・書家として知られる。明和四年（一七六七）に常陸国で生まれる。父が江戸日本橋で小児科医を開業すると、父について医業を学ぶが父の死により二十四歳で詩人に転身する。名は行、字は天民、通称は柳太郎という。詩仏は号でほかに痩梅・江山翁などがある。堂号に、既酔亭・詩聖堂・江山詩屋などがある。もっとも通用しているのが詩仏である。当時の医学の基礎学問は儒学であった。詩仏も医術修行のかたわら山中天水の塾で儒学を学んだ。市河寛斎の江湖詩社に参加、さらに山本北山の奚疑塾に入門し詩人としての基礎を固めた。父の死後は、文雅を好む地方豪農などに寄食して書画を揮毫して潤筆料を稼ぐ遊歴生活を送る。文化三年神田お玉が池に新居を構え、杜甫の像を祀り改めて詩聖堂と名付けた。文化十二年は四十九歳。天保八年（一八三七）二月十一日、七十一歳で没す。

漢詩［書き下し］
酒戦場中、酒兵を勒《ろく》す（集結する）。
東西排列し各《おのおの》名を策《さく》す（名札をつける）。
肴は陵《おか》の如く、酒は海の如く。
飲むこと千尺の潮鯨（大きな鯨）を横たふるに似たり。
時に今太平一事無し。
纔《わず》かに酔郷に於《おい》て戦争を見る。
鴛鴦《えんおう》（オシドリ）の杯と鸕鷀《ろじ》（鵜の漢名）の杓。
満々と斟《く》み来たり軽々と傾《かたむ》く。

此の酒軍を将《ひき》（率の意）いて向う所有らば、
定めて識る天下に愁城《しゅうじょう》（悲しみの町）無からん。
生来我も亦太《またはなは》だ「酒」（原文では脱する）を愛す。
糟邱《そうきゅう》は會《かなら》ず君の営（陣営）に因らんと欲す。
酒戦図に題す。詩仏《しぶつ》（号）老人、大窪行《おおくぼぎょう》（名）

詩意：酒戦の会場に酒飲みを集結させる。相撲の取組のように東西に分け名前を呼び出す。肴は丘のように盛られ、酒は海のように満たされる。その飲む様は大きな鯨が海の水を吸い込むようだ。今は太平の世で争いもない。ただ酔い心地の中に酒の戦《いくさ》を見るのみ。見事な蒔絵の鴛鴦《おしどり》の羽のように美しい杯に、鵜の首の様な黒い杓で満々と酒を汲み、軽々と杯を傾ける。これらの酒飲みのいくところ全く愁いなどない。私も大酒飲みではあるが、かれらには、とてもかなわない。

「闘飲図巻」の市河寛斎の漢文跋を見る。南畝の後水鳥記、鵬斎の序文を見たとあるので、十二月にはできていたことがわかる。市河寛斎の題辞で弘安の役（一二八一年）に元軍覆没して、生還する者三人のみと元史に記されているのを受けての結びであろう。

市河寛斎は、学者・詩人として知られる。寛延二年（一七四九）六月十六日、川越江戸定府の山瀬蘭臺の次男として生まれる。蘭臺はもと市川氏の出である。十九歳のとき山瀬新平と称していた寛斎は川越藩主秋元侯に召し出されたが、二十七歳の時に士籍をぬけ、父祖の地である上州下仁田に身を寄せ、山瀬の姓から父の本姓である市川小左衛門と称するようになる。やがて市川を市河と書くようになり定着する。名は世寧、字は子静、号は西野・半江・寛斎などだが、通用は寛斎である。二十八歳の時、幕府大学頭林家に入門し、湯島聖堂に付属する林家の塾舎に寄宿する。三十四歳で林家塾舎の塾長となるが寛政異学の禁により職を辞する。これをきっかけに江湖詩社を結成し、詩人として歩み出す。生計のため富山藩に仕官、江戸定府のはずが隔年国元勤務となり、以後六十三歳で致仕するまで家族を江戸に残し隔年詰であった。隠居後、旧知の牧野成傑の長崎奉行赴任に随行して文化十年から十一年まで一年に渡る長崎滞在で清人たちとの筆談での交流をした。文化十二年には六十七歳。文政三年（一八二〇）七月十日に七十二歳で没す。住いは和泉橋通藤堂侯西門前。

跋文［書き下し］

前年、余崎陽《きよう》（長崎）に在りて、屢々《しばしば》唐客の劉景筠《りゅうけいいん》、江芸閣《こううんかく》輩と飲む。皆、能く其酒飲めども、吾酒を飲む能はず。因って其説を叩くに、乃《すなわち》云う、苦《はなは》だ醇醲《じゅんげん》（強い）にして頭痛《いた》むと。試みに其の齎《もたら》す所の紹興酒なるものを味わうに、甚だ淡くして酸を帯び、飲んで数十盞《さん》（盃）に至りて、始めて能《よ》く面潮紅す。已《すで》に是に因って之《これ》を観るに、八仙歌中（杜甫の飲中八仙歌）の三盃已上《いじょう》、飲んで五斗に至る者も、亦《また》甚だ易々《いい》たる已《のみ》。頃《このごろ》千住中六の隠居、酒戦図巻を以って跋尾を乞う。南畝酔客之《これ》を記す、鵬斎酒人之《これ》を序して尽せり。余が小戸如き、夫《そ》れ復た何をか言わん。唯だ前年唐客と飲みし事を記し之《これ》を返す。嗚呼《ああ》此の酒兵をして彼《か》の十万と千倉《ちくら》の海上に相《あい》当らしめば、則ち其の能く酔倒せずして、帰る者も亦《また》僅かに三人ならん已《のみ》。
乙亥《おつがい》嘉平《かへい》月（十二月）、寛斎《かんさい》（号）寧《ねい》（名）題す。時に年《とし》六十七。

文意：前年（文化十一年）、私は長崎に滞在していて、来航した清人の劉景筠、江芸閣らとたびたび酒を酌み交わした。彼らの持ち来る酒は皆よく飲むが、私の持参した酒はあまり飲まなかった。このため理由をたずねると、つぎのように答えた。日本の酒はとても強い酒で飲むと頭が痛くなる。試しに彼らの持参した紹興酒というものを味わってみると、甚だ淡くして酸を帯び、数十盃飲んでやっと顔が赤くなってくる。こうしてみると、杜甫の飲中八仙歌にある「三盃已上、飲んで五斗に至る者」も、またきわめて容易なのではないか。この頃、千住中六の隠居、酒戦図巻の跋尾を乞いにきた。南畝酔客がすでに後水鳥記を記し、鵬斎酒人が高陽闘飲序を記している。私のようなさほどの酒飲みでないものが記すようなことはない。ただ前年に清人と飲んだ事をここに記す。ああ、この会に参加したものたちを酒兵として、あの元寇《げんこう》のときのように彼《か》の十万の軍勢とちくらが沖（千倉《ちくら》の海上）で酒戦にあたらせれば、元史に記される故事の如く、彼《か》の軍勢は酔倒せずして帰る者僅《わず》かに三人のみということになろう。
参考：「三盃已上、飲んで五斗に至る者」とは「張旭三盃草聖伝（張旭《ちょうきょく》は三盃にして筆を執り、草書の聖者と伝えられる）」と「焦遂五斗方卓然（焦遂《しょうすい》は五斗飲むと、しゃんとしてどもりがなおった）」のこと。ちくらが沖は朝鮮と日本との潮境をいうが、海上に現れる潮境は異界との境目ともいわれる。詩仏の「纔於酔郷見戦争」から酔郷にたとえたものか。紹興酒のアルコール度は低いものにあたる。同じ醸造酒でも日本の酒はアルコール度が最も高いという。

寛斎は文化十年から文化十一年のほぼ一年間、旧知の牧野成傑《しげたけ》が長崎奉行として赴任するのに随行して長崎に滞在していた。交易船で長崎に来航した清人と交歓した。文化十一年五月に来航した江芸閣とは頻繁に交遊していたことが寛斎の『瓊浦夢余録《けいほむよろく》』で知ることができる。瓊浦《けいほ》は崎陽《きよう》と同様に長崎の別称である。

『元史』巻二〇八外國（外夷）傳・日本に「十萬之衆、得還者三人耳《のみ》（十萬の衆、還るを得たる者三人のみ）」とある。参考とした和田清編訳『旧唐書倭国日本伝・宋史日本伝・元史日本伝』岩波文庫の訳註によると、三人は本文にある于閶、莫青、呉萬五であろうという。また『元史』巻一二八・相威傳には「士卒喪十六七（士卒喪《うしな》うこと十の六、七）」、『元史』巻一二九・阿塔海傳には「喪師十七八（師を喪《うしな》うこと十の七、八）」とある。兵の六、七割、将の七、八割を失う大敗を「十萬之衆、得還者三人耳《のみ》」と表わした。

詩仏と、寛斎はともに酒兵ということばを用いているが、酒を兵にたとえるのは古くは『南史』の南史列傳陳暄《ちんけん》に見え、これが引用されている。『和刻本正史南史』を参考として見ると「故江諮義有言。酒猶兵也。兵可千日而不用一日而不備。酒可千日而不飲。不可一飲而不醉。（かつて江総《こうそう》にたずねるとつぎのようにこたえた。酒は兵のようなものだ。兵は千日も用いないで済ませるが、しかし一日たりとも備えなしではすませぬ。酒は千日も飲まずに済ませるが、しかし一たび飲めば酔わずには済ませぬ）」とある。江総は梁・陳・隋の三朝に仕え、陳のとき尚書令となったが、政務を顧みず、宴遊にふけりはなやかな艶詩をつくったという。名言なのか酒飲みの言い逃れなのかわからない。山東京伝『近世奇跡考巻之五』の地黄坊樽次酒戦でも酒戦の説明に「敵味方とわかれ、あまた酒兵をあつめ、大盃をもつて酒量をたゝかわしめて、優劣をわかつたはぶれなり」とあり、よく使われていたようだ。

四　高田与清の『擁書漫筆』

高田（隠居後は小山田）与清は、文化十二年刊の『江戸当時諸家人名録初編』に次のように掲載される。

國學　名與清　字文儒　神田通船屋敷
松屋《まつのや》　　高田正次郎

与清の『松屋筆記』によれば、天明三年（一七八三）三月十六日に武蔵国多摩郡上小山田村（現在の町田市）の郷士田中本孝の次男として生まれた。翌十七日に母が亡くなっている。享和三年（一八〇三）に父が亡くなるとまもなく、見沼通船方高田家の養子となる。神田花房町（千代田区外神田）通船屋敷に住み、庄次郎与清を名乗ったが、後に正次郎に改めている。号は文儒、後に松屋に改めている。文政八年（一八二五）に隠居すると、田中氏が継いでいた小山田氏の廃絶を惜しんで小山田将曹平与清を名乗る。天保二年（一八三一）に水戸藩彰考館に出仕し、弘化四年（一八四七）六十五歳で没している。与清は国学者で蔵書家として知られ、文化十二年七月二十九日に私設公開図書館である擁書楼を落成、その日から『擁書楼日記』を起筆する。日記は文政三年二月までの六年ほどで記事の多くは学者、文人仲間との交友記録となっている。与清の蔵書は、亡くなる前年に水戸の徳川斉昭に献納された。早稲田大学総長高田早苗は与清の曾孫にあたる。早苗の『半峰昔ばなし』によれば「與清翁が家に残された何萬巻かの書物は遂に一冊も無くなり、維新前後家道衰へた當時、私がそろ〳〵書を讀むべき年齢になった頃には、四書五經さへも満足に家に傳はつて居なかった」という。与清は多数の著作を残したが、よく知られるのが蔵書をもとに考証研究をまとめたのが『松屋筆記』百二十巻と『擁書漫筆』である。

『擁書漫筆』巻第三に収められる「水鳥記のさだ」を、日本随筆大成本を参考に、目録・本文・該当引用書目を掲載する。読み易くするため、段落で区切り、割註の部分は（　）でくくる。引用書目は与清の蔵書でここに書名のあるものである。

擁書漫筆巻第三　目録　（廿四）水鳥記のさだ

○千住酒戦録の大意　○酒戦の図

○平秩東作の伝　○亀田鵬斎が詩

○大田蜀山が狂歌

輪池翁のもたれし水鳥記の画巻は、詞簡略にして、刊本と異なる所おほく、画もいとこまやかにめでたし。序跋目録は省きてしるさず。巻首に、此草紙は承応のころにや、武州大塚にすめる医師、地黄坊樽次とあだなる名にたちて、晋の劉伶、唐の李白にも、をさ〳〵劣らぬ酒呑ありけり。地黄元の性酒をこのみてあかず。また鉄を忌ゆゑに、酔てしかもいからぬといへる意にて、自かく名のりたるべし。

しかるに同国の大師河原に、池上太郎左衛門《ママ》底深とて、是もいみじき上戸ありけり。樽次に逢て、いづれ上戸のけじめを分んと常にはかりしに、あるとき道のしるべありて、樽次同志の友いざなひ、大師河原へ行、春の園の桃李にたはぶれ、秋の紅葉の林に遊し有増を綴て、水鳥記と名づくるなら し。酒といふ字につきていへるなるべしと見ゆ。地黄坊樽次が自作也。一本に酒戦談と題号せしもあり。流布の刊本二種ありて、奥書に寛文七年五月五日、寺町二条下町、中村五兵衛開板、とするせしは上下二巻也。三月吉日、松会開板、とあるは上中下三巻にわけたり。

樽次底深がゆゑよしは、江戸總鹿子新増大全二の巻、谷中天台宗の部、同書二の下巻、小石川禅宗の部、続江戸砂子三の巻、近世奇跡考五の巻、直泰夜話、武蔵演路橘樹郡の部、調布日記下巻などに出たれば、閲て知るべし。

因みにいふ。文化十二年十月廿一日、千住宿壱丁目にすめる中屋六右衛門が家にて、六十の年賀に酒の呑くらべせり。その酒戦記一巻、画一鋪あり。今要を摭て記す。

伊勢屋言慶（割註：新吉原中の町にすめり、齢六十二、三升五合を飲）

大坂屋長兵衛（割註：馬喰町に住、齢四十余、四升余を飲）

市兵衛（割註：千住かもん宿に住、万寿無量杯にて三杯呑けりといえり。万寿無量杯は一升五合盛とぞ）

松勘（割註：千住宿人なり、五合盛のいつくしま杯、七合盛の鎌倉杯、九合盛の江島杯、一升五合の万寿無量杯、二升五合の緑毛亀、三升の丹頂鶴などにてこと〳〵くのみにけりとぞ）

佐兵衛（割註：下野小山人、七升五合のみけりとなん）

大野屋茂兵衛（割註：新吉原中の町、大野屋熊次郎が父なり。小盞数杯の後に万寿無量杯にて飲）
蔵前正太（割註：浅草御蔵前、森田屋が出入の左官也。三升飲）
石屋市兵衛（割註：千住掃部宿の人也。万寿無量杯にて飲）
大門長次（割註：新吉原にすめり。水一升、醤油一升、酢一升、酒一升を、三味線にて拍子をとらせ、口鼓をうちつゝ飲）
茂三（割註：馬喰町人也。齢三十一、緑毛亀を傾尽す）
鮒屋与兵衛（割註：千住掃部宿の人也。齢三十四五計。小盞にてあまた飲ける上に、緑毛亀をかたぶく）
天満屋五郎左衛門（割註：千住掃部宿の人也。三四升許飲）
おいく（割註：酌取の女也。江のしま、鎌倉などにて、終日のみぬ）
おぶん（割註：酌取の女也。同上）
天満屋みよ女（割註：天満屋五郎左衛門が妻也。万寿無量杯かたぶけて、酔たる色なし）
菊屋おすみ（割註：千住人也。緑毛亀にて飲）
おつた（割註：千住の人。鎌倉などにてあまたのむ）
料理人太助（割註：終日茶碗などにて飲、はては丹頂鶴をかたぶけぬ）
会津の旅人河田（割註：江島より始て、緑毛亀にいたるまで、五杯を飲つくし、たゞ丹頂鶴を残せるをなげく）
亀田鵬斎、谷写三など此むしろに招かれて、もの見せしとぞ。そのをり掃部宿の八兵衛といえるものは、壱分饅頭九十九くひたりといえり。この酒戦記は、平秩東作が書つめたり也。平秩東作は立松博之、字は子玉、世称は稲毛屋金右衛門といひて、内藤新宿の煙草屋也。狂歌に名ありて、万載集などに歌おほく入たり。此人すでに見まかりて年へぬれば、今の東作はその名を襲るなるべし。

鵬斎が詩幷序あり。千壽中六、今茲年六十、自啓初度之筵。大会都下飲士、皆一時海龍也。各一飲一斗、或有傾四五斗者、可謂太平之盛事矣。古人以酔人為太平之瑞宜哉。余在其座而親観之。時文化十二年乙亥、冬十月廿一日也。

海龍群飲似争珠、双手擎来傾五湖。
不是伯倫七賢侶、定応李白八仙徒。

大田蜀山が狂歌あり。詞書に、かの地黄坊樽次と、池上何がしと、酒のたゝかひせしは、慶安二年のことになん。ことし千壽のわたり中六ぬし、六十の賀に酒戦をもよほせしときゝて。

よろこびのやすきといへる年の名を本卦がへりの酒にこそくめ

また中六が会日の掛字にせんとてこへるに、書てとらせし語、犬居目礼古仏座、礼失求之（ママ）千壽野。こは水鳥記の語により、作たゝなるべし。

擁書漫筆引用書目

水鳥記画巻一名酒戦談、　水鳥記京板、　水鳥記江戸板、
江戸總鹿子新増大全、続江戸砂子、近世奇跡考、地黄坊事跡考、
直泰夜話、　武蔵演路、　調布日記、　千住酒戦記

「千住酒戦記」は二世平秩東作が記した千住の酒戦録。他は慶安の酒合戦に関するもので、三種の『水鳥記』をあげている。『江戸總鹿子新増大全』と『続江戸砂子』の二つの地誌は地黄坊樽次の墓所を小石川・祥雲寺と谷中・妙林寺の二箇所をあげていて、山東京伝『近世奇跡考』もこれらを引用する。間宮士信《ことのぶ》「地黄坊事跡考」は樽次の墓所を谷中・妙林寺として、樽次の墓石と位牌の図を掲載する。『調布日記』は南畝の玉川巡視の際の筆記で、下巻に大師河原村で池上家を訪れ、蜂竜の盃と半ば欠けた制札を見た記載がある。

『直泰夜話』は前橋藩士の勅使河原三左衛門直泰が前橋藩士の事跡をまとめたもの、写本で伝わる。内容は、一つは山形最上の最上義俊が断絶した際に最上の家臣の一部を召抱えた者の中に伊丹城春作の名があること。もう一つは伊丹春朔という元の最上家の牢人が大酒飲みで地黄坊樽次の異名を持ち、小石川祥雲寺に石碑があり、谷中妙林寺に実の墓があるという二つの記事がある。与清は「ぢきたいやわ」と訓読を振っているが、現在は三左衛門直泰《なおやす》の名をもとに「なおやすやわ」と呼称される。翻刻が宮下藤雄校注『直泰夜話』私家版（一九六六年）にある。

『武蔵演路《えんろ》』は大橋方長《まさなが》による武蔵国の地誌であり写本で伝わる。橘樹郡大師河原村の箇所に「むかし大師河原に池上太郎左《ママ》衛門トいへる者、大塚地黄坊樽次と云し者と呑くらべせし事世にしる処、樽次自作水鳥記ニ委し、樽次墓ハ小石川祥雲寺ニ在り此池上氏の子孫今ニ此の此処の邑長《むらおさ》とす」とある。安永九年（一七八〇）の序を持つが文化頃までの加筆がある。翻刻が『新編埼玉県史資料編一・地誌』埼玉県（一九七九年）にある。

『擁書漫筆』には「後水鳥記」にない記事がある。「千住掃部宿の八兵衛といえるものは、壱分饅頭九十九くいたりといえり」と饅頭を九十九個食べた掃部宿の八兵衛という下戸の名が記されている。「後の水鳥記」というテーマにあわないので、南畝は意図的に記さなかったのかもしれないが、二世平秩東作による『擁書漫筆』の酒量の記録と同人が書いた酒戦記による「後水鳥記」の記録が相違することから、南畝は知らなかった可能性もある。酒量の記録は「後水鳥記」のほうが直後のものなので正しいのではないかと思われる。特に疑問のあるのは松勘こと松屋勘兵衛の杯の数である。六杯全てを飲み尽くしたのであれば、会津の旅人河田某の五杯を超えてしまう。それに、松屋勘兵衛が六杯全てでは、四升飲んだ大長こと大坂屋長兵衛と最手占手（第一位・第二位）を争う余地がなくなる。「一枚刷り酒戦図」の鵬斎の漢詩に「五湖を傾く」とあるが、鵬斎は中国古代の湖である洞庭湖（あるいは太湖）を詠んだもののようである。これは江島・鎌倉・宮島・万寿無疆・緑毛亀杯を傾けた河田某の五杯をイメージしているのではないかとも考える。いずれにしても二世東作の書いた千住酒戦記をもとにしたもので、酒量の不一致は二世東作に責があるとしかいえない。杯の名称が「宮島杯」から「いつくしま（厳島）杯」に、「万寿無疆杯」から「万寿無量杯」という変化も同様と思われる。「江島杯」の容量が「一升」から「九合」となっているのは、二世東作が神主であったことと関係するのではないかと考える。

武家故実をまとめた伊勢貞丈『伊勢雑記』巻之七、膳部之部に土器《かわらけ》のことが記される。（『伊勢雑記2』平凡社）

土器品々の事、小さきを「こじゅう」、へそかわらけの事なり、小じゅうより大なるを「三ど入」と云い、三ど入より大なるを「大じゅう」と云う。小じゅうに対したる名なり。さて又三ど入より大じゅう以下三まわりずつ大きなり。大じゅうに三まわり大なるを「五ど入」と云い、五ど入より三まわり大なるを「七ど入」と云い、それより「九ど入」「十一度入」「十三ど入」「十五ど入」まで、何れも三廻りずつ大きなり。「十五度入」より大なるはなし。（中略）前に云う、へそかわらけの事を小じゅうと云うは、三度入の内に重なる小さき土器なる故なり。三度入は盃に用ゆるかわらけなり。酒は盃に三度ずつ入るる故、盃になる土器を三ど入と云う。大じゅうは三度入の外に重なり大なる故、大重と云う。五ど入は三ど入より大なる故、五ど入と云う。七ど入と云うも、九度入以下も同じ事なり。

土器《かわらけ》の数え方から杯の容量を「五合入、七合入、一升入」とするところを「五合入、七合入、九合入」としてしまった可能性がある。また、「九」は奇数で陽数の縁起のよい数、「究」に通じることから数の最上位とされ、あえて「九」としたことも考えられる。

酒戦記一巻《まき》のほかに画一鋪《ひら》とあり「一枚刷り酒戦図」のことであるのは鵬斎の漢詩と南畝の狂歌が記されることから明らかである。高島千春の挿画「千住酒戦の図」が掲載されることから、画一鋪を千春の画とすることがあるが誤りである。千春のことは、与清の『擁書楼日記』文化十三年七月十二日に次のように記載がある。「千春俗称は壽一郎、京都人也。土佐家の門人にて画をよくす。新川南白銀町二丁目医師秋下春良が家に寄食する」。この日は与清が千春を訪れているが、翌々月、閏八月には千春の方が与清を度々訪れ、宿泊もしている。挿画の打ち合わせをしていたのであろうか。

千春のことは『擁書漫筆』巻第四の「高嶋千春が歌」にも記される。

高嶋壽一郎源千春は、字は壽王、号を水竹、また得天斎という。難波人也。京都にあそびて、画を土佐家の門にまなび、よく道の考証をきはむ。てづからみづからふるき画巻を模写して、もゝぢあまりを秘めもたり。また公事故実などの事どもにいたりては、学者のまどへるふし〳〵をさえ、つばらになんこうがへ得たる。ことし文化十三年卯月ばかり、東都にくだりて、まじはりをそこらのきこゐ人にむすぶ。それが旅の歌の中に、

むら烏朝たつ声ぞきこゆなる伏見の里のかすみがくれに

千春は、元は難波（大坂）の人で京都に遊学し、土佐家で画道を極めた。たくさんの古い絵巻を模写するなどして、朝廷儀式や武家故実について学者でもわからないことも、詳らかにすることができた。文化十三年四月に江戸に来て、多くの聞人（有名人）と知り合ったという。

『擁書楼日記』の文化十二年十月十六日に「秦其馨（星池）がり文つかはして、調布日記をとりもどしつ」とあり、この時期までに与清は南畝から『調布日記』の提供を受けてはいるが、「後水鳥記」をまだ見ていない。話には聞いているが実際に目にするのは『擁書漫筆』が刷り上がったあとのことである。『擁書楼日記』文化十四年三月廿一日に「甲子祭す、高木伊兵衛、村田たせ子まうでく、北川真顔、北慎言、岩瀬百樹、吉田長俶、菊池桐孫、片岡鶴陵がり擁書漫筆おくる」とあり、同月三十日に「大田南畝がもとより、千住酒戦の事を記せし、続水鳥記をおこせぬ」とあることでわかる。

慶応義塾図書館蔵『反古籠・擁書漫筆抄』は明治期のジャーナリスト野崎左文により書き写された写

本、附録として「後水鳥記」が巻末に付されている。この写本で興味深いのは高田与清「擁書漫筆抄」にある左文の書き込みである。「水鳥記のさだ」の文末に朱筆で次の書込みがある。

注　本文ニ、此酒戦ハ二世平秩東作が書けりとあれど、流布の後水鳥記には六十七翁蜀山人緇林楼上に志る寿とあれバ、東作の筆とは誤りなるべし。委しくハ一話一言第三十八巻を覧るべし。

左文が酒戦記を二世平秩東作が書いたとするのを誤りとしたのは、南畝が酒合戦の場にいるのを前提として、酒戦記は「後水鳥記」のことと誤解しているにほかならない。後水鳥記に「この日文台にのぞみて酒量を記せしものは二世平秩東作なりしとか」と伝聞体で記されるので、左文は酒戦記を二世東作が書いたとみるべきであった。与清は後水鳥記をまだ見ていないので『擁書漫筆』に記しようもない。

五　二つの『闘飲図巻』

現存する後水鳥記草稿と「闘飲図巻」・「後水鳥記」として伝わる写本では表記に明瞭な差異が認められる。「闘飲図巻」も従来『江戸叢書』や『日本随筆大成』に翻刻され読まれてきた系統のもの、ここでは流布本と称するものと、それとは成立の経緯が異なると考えられる別本が存在する。流布本と別本ではそれぞれに特徴的な脱漏等があり明瞭に区別できる。

流布本では草稿・別本にはある「きかしむるに、次の日辰のときに出立しとなん」の一行分が書き漏れ、文章が「人をしてこれを」で途切れ不自然におわっている。また草稿で「屠龍公、写山、鵬斎」となる箇所が「屠龍公、文晁、鵬斎」となる。別本では酒盃の名称部分に「一升五合入　緑毛亀盃」が欠落していて、あたかも五種類の酒盃しかないように見える。別本は流布本の「屠龍公、文晁、鵬斎」の箇所が「抱一君、写山、鵬斎」に変わり、草稿の表記とも異なっていることから、意図的に書き変えられている。酒盃の書き漏れは目立つ部分なので、それに「抱一君」の表記があるのを確認できれば、流布本であるか別本であるかの区別は容易である。

これまで、流布本は数多く写されてきただけに誤字脱漏が多く、多少の表記の違いや書き漏れは注意されてこなかった。このため別本の存在自体が知られることがなかった。今回実際に見ることができたものと翻刻・影印され内容が確認できるものから【一覧】写本一覧をまとめ、草稿・流布本・別本の基準となるものとして【一覧】から『蜀山雑稿』、「福嶋家本」、「郷土博物館本」を選び、【表】差異表で相互の比較を行なった。

【一覧】「後水鳥記」の写本一覧（題簽なしは「　」付きで内容で表示）

（1）草稿　『蜀山雑稿』天理図書館　一冊本写本（南畝自筆本）

草稿として基本となるものである。『大田南畝全集』第二巻に「七々集・蜀山雑稿」として翻刻されているもので、もとは『七々集』の一部であったものが抜き取られ、『蜀山雑稿』一冊となったものと考えられている。影印本に『天理図書館善本叢書　蜀山人集』がある。門前の聯は「南山道人書」の後に「冊」とも読める一文字があるのが目に付く。拙書に写真版を掲載。

（2）草稿　『七七集』慶応義塾図書館　一冊本写本（野崎左文写）

明治のジャーナリスト野崎左文による『七々集』の抄録である。玉林晴朗氏の『蜀山人の研究』に転写本と紹介されているものと思われる。現在は慶応義塾図書館のデジタル・アーカイブとして公開される。序文から始まり、南畝の酒合戦の狂歌や「後水鳥記」の記載はあるが、省略されて抜け落ちた箇所が多く、「後水鳥記」も誤記が見られる。抄録ではあるが『七々集』の原形を物語るものである。

（3）流布本［福嶋家本］『高陽闘飲巻』福嶋家本（現在も個人蔵）図巻

郷土史家の福嶋憲太郎氏の旧蔵品で『高陽闘飲巻』の原本の形態を最も伝えているものである。「高陽闘飲」の大書にはじまり、鵬斎の漢文序、抱一の門前図、南畝の後水鳥記、谷文晁・文一合作の酒戦図、大窪詩仏の漢詩、狩野素川彰信の盃図、市河寛斎の漢文跋の全てが丁寧に写されている。弘文荘「待賈古書目録」に昭和二十六年売立「『後の水鳥記　高陽闘飲図巻』山本琴谷自筆摸安政六年成　一巻」とあるものと思われる。「犬居目礼古仏の座」のように表記に「の」があり、「犬」の字形の右上の「、」が横棒の下に打たれる別体という特徴がある。拙著に写真版がある。

（4）流布本［田辺家本］「高陽闘飲巻」田辺家本　個人蔵　図巻

千住の旧家に伝わる図巻である。全体の構成や内容はほぼ福嶋家本に似るが、跋文の位置が移動し、巻末に「摩訶酒仏陀羅」の刷り物を写している。「犬居目礼古仏の座」も福嶋家本と同様である。

（5）流布本［内田家本］「高陽闘飲巻」内田家本　個人蔵　図巻

千住の旧家で酒合戦の関係者である鮒与のご子孫に伝わる図巻である。巻頭の大書がなく、絵画部分と詞書を別々に仕上げて一巻にまとめたもので、原本とは形態が異なっている。詞書を改行せず、続けて記しているため全長が短くなっている。絵画は極めて丁寧に写されているが、酒杯をのせる台を一つ書き漏らしているのが目に付く。門に掲げた聯を「蜀山老人書」としているので原本とは異なる写本を写したものであろう。「犬居目礼古仏座」は二箇所とも同じ表記で、ともに「犬」の字形も「丶」が横棒の下に打たれる別体となっている。

（6）流布本『高陽闘飲之巻』平間寺（川崎大師）図巻

古江亮仁氏の『大師河原酒合戦』に「後の酒合戦」として、神奈川県川崎市の平間寺蔵の図巻（雲汀摸）の一部を掲載し、「後水鳥記」の内容を紹介している。平間寺は『水鳥記絵詞』もあるという。

（7）流布本「高陽闘飲巻」新宿区立新宿歴史博物館　図巻

巻頭の大書と鵬斎の漢文序を欠いている。薄い用紙を用い、印章も含め丁寧に写しとっている。「後水鳥記」は門に掲げた聯を「蜀山老人書」としているほか、酒杯の名称の一部に「杯」の欠落があり「万寿無疆」となっている。特徴的な書き漏れ「きかしむるに、次の日辰のときに出立しとなん」の書き漏れ箇所に「一行欠」と下部に注記が入る。文章が途切れていることから欠落に気付いたものであろう。「犬居目礼古仏座」の表記は、「犬」の字が最初のものは「大」、二番目は「太」といずれも誤記されている。

（8）流布本『後水鳥記』世田谷区郷土資料館　図巻（渡辺崋山摸）

絵画の巻と詞書の巻の二巻一組のものである。絵画の巻の見返しに「後水鳥記　全学堂摸」と記された紙片が貼られ「全学堂」の朱印がある。本文中にも「全学堂」の朱印がある。高さが他の図巻と比べて低く、二巻に分かれた小さな図巻の印象を与える。共箱と渡辺崋石の極書が添付される。詞書の巻に鵬斎の漢文序と「後水鳥記」があるが大書は欠く。後水鳥記部分は新宿区立新宿歴史博物館本とほぼ同様で、門前に掲げた聯を「雨山老人書」としているほか、酒杯の名称の一部に「杯」の欠落があり「万寿無疆」となっている。最初の「犬居目礼古仏座」の「犬」字形は「丶」が横棒の下にある別体である。雨山は抱一の号。

(9) 流布本『高陽闘飲』国立国会図書館　一冊本写本（板本の写）

長谷川雪旦による文政三年摸の図巻をもとにして作成された板本を、さらに天保九年に写したものである。私家版の板本を貸本に転用したもののようである。『『江戸叢書巻の七』に翻刻されているが翻刻には誤字が多い。

(10) 流布本『街談文々集要』所収　国立公文書館　写本（石塚豊芥子写）

越智真澄による弘化四年摸の図巻を石塚豊芥子（重兵衛）が街談記録である『街談文々集要』に写したもので、『近世庶民生活史料街談文々集要』三一書房に翻刻がある。門前に掲げた聯は「南山老人書」となる。「犬居目礼古仏の座」の表記であるが、最初の「犬」字形の「丶」は横棒に並ぶ微妙な位置にある。二番目にある「犬居目礼古仏座」の「犬」字形は「丶」が横棒の下にある別体である。「老」の字も含め誤写なのであろう。

（11）流布本『後水鳥記』東京大学総合図書館　一冊本写本

紀州徳川家の「南葵文庫」などの蔵書印を持つ。最後の丁の裏には「後水鳥記」とは関係のない記録が同筆で記され、記録集の一部が取り外され一冊となったように見える。本文とは別筆で朱筆・墨筆の補記や注記があるが一人の手によるものではない。「中六」「大長」「松勘」「鮒与」「天五」の箇所にそれぞれ「本名中屋六右衛門」「大堺や長兵衛」「松屋勘兵衛」「ふな屋与兵衛」「天満屋五郎左衛門」とある。東京大学所蔵の『後水鳥記』は『国書総目録』では二冊となっているが、総合図書館への調査依頼で一冊のみ現存と回答があった。現存する南葵文庫の請求記号A90：624、明治三十六年十二月十二日購入とあるものとは別の物があった記録がある。『東京帝国大学附属図書館和漢書書目目録増加第二』（自明治三十一年一月至仝四十年九月）明治四十四年十月印行の二六二頁「後水鳥記、池上幸豊、写本、請求記号8―1516」が該当するようだが関東大震災で図書館が全焼した際に失われたようである。池上太郎左衛門幸豊は寛政十年に亡くなっているので、この後水鳥記は幸豊による後《のち》の水鳥記だったのかもしれない。

（12）流布本『後水鳥記』東京都立中央図書館　写本（蜂屋茂橘写）

田安家用人の蜂屋茂橘、号椎園による写し。茂橘は随筆を多く残していて、自筆稿本『椎の実筆』で知られる。『水鳥記』江戸版板本の写本の後ろに『後水鳥記』写本を綴じ合わせている。流布本図巻の「後水鳥記」とほぼ同じ内容である。門前の聯は「南山道人筆」の後に「册」とも読めるが花押のようにも見える一文字があり、脇に「一本ナシ」と朱筆で記される。「天満ヤ美代女」

の脇に「姑一本」と朱筆がある。そのほか「言慶」に朱筆で「いせや」など主要人物に注記がある。

(13) 流布本『後水鳥記』川崎市立中原図書館　一冊本写本

誤記、脱漏の多い写本である。巻末の無名の識語によれば、誤字脱漏は入手した写本に由来するもので、多くの写しがあるようなので、質のよい写本を入手して内容を正したいとしている。もたらした貸本屋による書本と思われる。

(14) 流布本『視聴草』所収　国立公文書館　写本（宮崎成身写）

宮崎成身は幕臣として西丸小姓組、小十人組、持弓頭を歴任したことが知られる。幕府の各種編纂事業に編集員として加わり、徳川氏創業史『朝野旧聞裒稿』、歴代将軍の狩猟事蹟『大狩盛典』、対外通行記録『通航一覧』に関わっている。私的にも幕府の法令集『憲法類集』まとめている。『視聴草』は天保元年の識語があるところから天保以前から慶応年間までの三十年余り継続された見聞雑録である。断片的な抄録でなく一枚または数十丁にわたるものを綴り合わせ、百七十八冊で構成される。「後水鳥記」は「九集之十」に収められる。『内閣文庫所蔵史籍叢刊特刊第二』として影印本がある。鵬斎の高陽闘飲序も記されるが酒盃が「自五升而登之、或一斗」となり、「七升」が欠落する。詩仏の漢詩も「生来我亦太愛」となる箇所が「生来我亦太愛酒」と「酒」が補われる。これから南畝の『一話一言』から写されたものと推定される。鵬斎の漢文序・詩仏の漢詩・寛斎の漢文跋を記したあとに、丁をかえて「後水鳥記」を書き留めている。内容は精緻である。「後水鳥記」も門前の聯が「南山道人書」とあり、その下に判読不明の一字がある。略名で記される「中六」「言慶」「大長」「松勘」「石市」「鮒与」「天五」の箇所にそれぞれ「中や六右衛門」「いせや」「大坂や長兵衛」「松や勘兵衛」「石や市兵衛」「鮒や与兵衛」「傳馬や五郎左衛門」の補記がある。『視聴草　九集之十』の巻頭の目録を見ると十四の項目が列挙されるが、「高陽闘飲」のあとに「後水鳥記」が後から書き加えられている。

（15）流布本『落穂集』所収　国立公文書館　写本

筆者不明の見聞雑録である。内容は「後水鳥記」の部分を写しているが、脚色が入っている。門前の聯は文字を四角に囲み木製看板を模して取り付け穴まで描いている。「南山道人書」の後には、堂々とした花押にしか見えないものが記される。「屠龍公、文晁、鵬斎」の部分はそれぞれ名の後に「酒井雅楽侯叔父君」などの注記がある。文末にも中六、南山道人、屠龍公、文晁、鵬斎、蜀山人について、それぞれ二行ずつにわけた注記がある。南山道人は「中橋に住し松白堂湘乃《すなわち》、士僧なり」とあるが、どのような人か不明である。茶屋兼飛脚問屋の中六を「千住に住す鯉鮒をひさぐ乃、問屋なり」と誤っているので、南山道人の注記も誤伝ではないかと考える。

（16）流布本『反古籠・擁書漫筆（抄）』慶応義塾図書館　写本（野崎左文写）

慶応義塾図書館蔵の草稿『七七集』と同じ野崎左文の写しで巻末に「闘飲図巻」の写しがある。脱漏が多いが朱筆で加筆訂正があるので、元となった写本に脱漏があったと見るべきであろう。鵬斎の序文が「高陽闘飲図巻序」で、酒盃に「七升」の記載があり、絵画の抄録（闘飲部分と門前部分）もあることから図巻から写し取った写本をさらに写したものと考える。この写本で興味深いのは高田与清「擁書漫筆抄」にある左文の書き込みである。「水鳥記のさだ」の文末に朱筆で次の書込みがある。「注　本文ニ、此酒戦ハ二世平秩東作が書けりとあれど、流布の後水鳥記には六十七翁蜀山人緇林楼上に志る寿とあれバ、東作の筆とは誤りなるべし。委しくハ一話一言第三十八巻を覧るべし」。

慶応義塾図書館の書誌では明治二十八年から大正十四年の間に書写とされる。『一話一言』に「後水鳥記」の記載はないので、左文のいう「一話一言第三十八巻」とは、明治四十一年刊の『新百家説林　蜀山人全集第五巻』とおもわれる。慶応義塾図書館蔵『蟹の屋蔵書目録』は左文のもので「(活) 新百家説林　蜀山人全集三、四、五巻」の記載があり、これによったものであろう。

(17) 流布本「一話一言」『日本随筆大成』ほか所収　齋藤雀志旧蔵図巻　翻刻

最初の翻刻は明治十六年刊の集成館版『一話一言』であるが、『新百家説林蜀山人全集』、新旧版『日本随筆大成』の「一話一言」の「高陽闘飲巻」に翻刻される。『一話一言』にない「後水鳥記」を俳人で蔵書家の齋藤雀志（本名飯田銀蔵のち齋藤氏）所蔵の『高陽闘飲図巻』から補ったものである。この図巻の所在は不明である。門前の聯は「雨山先生書」で、広く流布するが正しく伝わらなかったものである。

(18) 別本［ニューヨーク本］『闘飲記』ニューヨーク、スペンサー・コレクション 図巻

ニューヨーク公共図書館のスペンサー・コレクション蔵のもので、弘文荘の目録には「原本又は原本に準ずべきもの」とあるが、筆跡から原本ではないものである。巻頭の大書「太平餘化」には

じまり、鵬斎の漢文序、抱一の門前図、南畝の「後水鳥記」、谷文晁・文一合作の酒戦図、大窪詩仏の漢詩、狩野素川彰信の盃図、市河寛斎の漢文跋で構成される。酒盃の名称に特徴的な書き漏れがあるほか酒盃の名称の前にある「出すその盃は」の部分が脱漏」する。

(19) 別本『鬪飲図巻』早稲田大学図書館　図巻

早稲田大学図書館のデジタル・ライブラリーとして画像公開されているもので、明治四十三年一月購入の記録がある。初代図書館長市島春城氏の日記「双魚堂日誌」の明治四十三年一月十七日に「広田金松来る。沢庵詩幅、鬪飲図巻（影印本）を購ふ」とある春城氏が仲介したものと思われる。実物を見ると印章部分を朱筆で丁寧に写した精密な摸本でニューヨーク本と詞書・絵画とも内容は変わらないものであるが、「鬪飲図巻摸本」と記した箱が附属する。

(20) 別本「鬪飲図巻」巻菱湖記念時代館　図巻

新潟市東区にある巻菱湖記念時代館所蔵の図巻である。残念なことに鵬斎の高陽鬪飲序が切取られているが、巻末に「文政二年己卯六月　武州千住掃部宿住人　鯉隠居士所持」という貴重な識語が記される。この図巻は極めて丁寧に描かれているうえ、「農夫市兵衛は一升五合もれるといふ万寿無彊盃を」の部分も正しく記される。

(21) 別本［郷土博物館本］『後水鳥記』足立区立郷土博物館　図巻（南畝自筆本）

文一の酒戦図の抄録と「後水鳥記」のみで構成される図巻である。見返しに「春城清玩」の蔵書印があり、早稲田大学初代図書館長市島春城氏の旧蔵とわかる。前三本と比べて文字数がわずかに多く（「出すその盃は」の部分）、特徴的な書き漏れ以外は誤記もない。この写本が別本としては先に成立したものと考えるのが通常だが、成立の状況を考慮するとこちらの方が後ではないかと考えられる。拙著に写真版あり。

（22）別本「闘飲図巻」個人蔵　図巻

足立区立郷土博物館の区内の文化遺産調査で所蔵が確認され、所有者のご厚意で「琳派の花園あだち展」で公開された。巻頭の大書「太平餘化」と「闘飲図」に文晁の署名と朱印がある。南畝は印影無、他は書き印となる、

【表】「後水鳥記」の草稿・流布本・別本の差異表

行	【草稿】	【流布本】	【別本】
3	ひとつ	一つ	ひとつ
5	としるせり	なり	としるせり
8	大盃	大杯	大盃
9	その盃は	そのさかづきは	その盃は
10	江島盃	江島杯	江島盃
10	鎌倉盃	鎌倉杯	鎌倉盃
11	宮島盃	宮島杯	宮島盃
11	万寿無彊盃	万寿無彊杯	万寿無彊盃
11	一升五合入	一升五合入	（欠）
11	緑毛亀盃	緑毛亀杯	（欠）
12	丹頂鶴盃	丹頂鶴杯	丹頂鶴盃
15	一の台	ひとつの台	一の台
18	所謂	いわゆる	所謂
18	屠龍公	屠龍公	抱一君
19	写山	文晁	写山
24	帰れり	かえれり	帰れり
26	かたぶけて	傾けて	かたぶけて
27	かへりしとなん	帰しとなん	かへりしとなん
28	万寿無彊の盃	万寿無彊の杯	万寿無彊の盃
32	牡丹餅	牡丹もち	牡丹餅

33	ほとりに	辺に	ほとりに
34	江の島の盃	江島の杯	江の島の盃
34	宮島の盃	宮島の杯	宮島の盃
37	最手占手	ほてうらて	最手占手
41	緑毛亀の盃	緑毛亀の杯	緑毛亀の盃
43	万寿の盃	万寿のさかづき	万寿の盃
51	かたり	かたり	語り
53	万寿の盃	万寿の杯	万寿の盃
65	江の島	江島	江の島
65	鎌倉の盃	鎌倉の盃	鎌倉のさかづき
66	酒のみけり	酒のみけり	のみけり
69	鎌倉の盃	鎌倉の杯	鎌倉の盃
72	写山	文晁	写山
72	江の島	江島	江の島
75	樽の鏡	樽の鏡	樽のかがみ
80	鶴の盃	つるの盃	つるのさかづき
81	盃盤	杯盤	盃盤

81	外面	そとも	外面
86	丹頂の鶴の盃	丹頂鶴の盃	丹頂の鶴のさかづき
90	今一杯	今一献	今一盃
92	きかしむるに次の日辰のときに出立しとなん	（欠）	きかしむるに次の日辰のときに出立しとなん
97	戦せしとき	戦せしとき	たゝかいせしとき
98	古仏座	古仏の座	古仏座
100	このたゝかいを	この戦ひを	このたゝかいを
101	ことを書贈り	事を書贈り	ことをかき贈り
102	掛物と	かけ物と	掛物と
111	静ならず	静ならず	しづかならず
113	つきちらして	つきちらして	つきちらし
113	みだれざるもの	乱れざるもの	みだれざるもの
116	すみだ川の	墨田川の	すみだ川の
117	しげきみかげ	茂きみかげ	しげきみかげ
121	此一巻を	この一巻を	此一巻を

流布本の原稿では文章の推敲をおこなったが、別本の原稿では草稿をほぼそのまま写している。新たに闘飲図巻を作成するにあたり原稿を求められたが、流布本の原稿が手元になかったために、草稿から新たに原稿を起こしたものと考えられる。

六　文化十四年の書画会と酒合戦

『足立区史』の巻末の外篇に、昭和二十八年開催の「足立区史料展覧会出品目録」が収録されている。ここには福嶋家本図巻である「高陽斗飲巻」、内田家本図巻である「絵巻物高陽闘飲図」のほかに、「文化十四年千住源長寺酒戦に使用のもの」と注記のある内田家蔵「酒合戦当時の酒盃」が記載されている。この文化十四年千住源長寺酒戦というのが、文化十四年五月二十五日に、千住仲町の源長寺で開催された書画会に付随して開かれた酒合戦である。

『足立区史』外篇には、矢田挿雲『江戸から東京へ』から「千住宿の酒合戦」と「飛入り正覚坊」が収録されている。正覚坊（大酒飲みの意）は後水鳥記にある会津の旅人河田某のことである。「千住宿の酒合戦」に文化十二年の酒合戦の世話人を「政木長佐衛門（千住）、菊地清七（浅草）、村本幸三郎（花川戸）」とあり、「飛入り正覚坊」では「当日の酒量勝負番附」に記録された者として「品川宿さがみ屋内旅人、上総屋専太郎」以下十四人の名が記される。文化十二年の「酒戦会番付」とは内容が全く異なるものである。

国立公文書館蔵の石塚豊芥子『街談文々集要』巻十五「第十、千住催酒戦」の項に、この番付「当日酒量勝負附」が貼り込まれている。自筆稿本のみが伝わる『街談文々集要』は「一枚刷り闘飲図」の全体を写し、闘飲図巻全体も写し取っているが、「当日酒量勝負附」は実物を貼り込んでいる。国立公文書館ホームページの収蔵資料『街談文々集要』の紹介では、この「当日酒量勝負附」を正体不明の番付としていた。文化十二年の「酒戦会番付」が書き写されているために正体不明とされたようである。「当日酒量勝負附」の後に「新書画展覧会引札」の実物が貼込まれる。

昭和六十二年に足立区立郷土博物館で開催された「千住の酒合戦と江戸の文人展」では、「一枚刷り闘飲図」・「当日酒量勝負附」・「新書画展覧会引札」の三枚の摺物を貼り込み一軸の掛物に仕立てた物が出品された。江戸期に仕立てられたものと考えられる。古書画研究会の好古会の開催記録「第四十回好古会記事」(一九〇四年)に「一枚刷り酒戦図」と共に一軸に張り込まれたものが「岡部薇香君出品、千住鯉隠居太平餘樂酒戰會の圖、一幅」として出品記録と翻刻が掲載される。足立区立郷土博物館の展示会に出品されたものと同一のもの思われる。足立区立郷土博物館の二〇一三年の調査で、足立区千住五丁目の名倉家(新宅)文書から発見されたものに「酒戦会番付」・「当日酒量勝負附」・「新書画展覧会引札」・「一枚刷り闘飲図」の四枚の刷物を貼り込み一軸にしたものが発見された。大切に保管されていたもののようである。『近世庶民生活史料　街談文々集要』や「第四十回好古会記事」に翻刻があるが改めて「当日酒量勝負附」・「新書画展覧会引札」の翻刻を示す。

新書画展覧会　　五月廿五日不拘晴雨

於千寿駅源長寺

東都有名諸先生詩歌連誹掛幅　凡三百幅

千寿酒戦録并高陽闘飲図譜

當日諸先生席上揮毫

千寿駅

催主　頌酒堂鯉隠謹白

中　六

補　豆　箕

鮒　與

助　燕　市

秋香庵

當日、名家所蔵之古書画等転借致し、備展覧候。諸先生書画御頼之御方は、地名姓字御記し被投可被下候。當日は混雑仕候故追而申し上候。

當日、御所蔵之書画又は、御自筆之書画共に装潢被成候而御持参可被下候。

鯉隠居再白

五月二十五日とあるだけだが、後出の古記録『旧考録』には文化十四年と明記される。世話人は文化十二年の「酒戦会番付」で世話役の鯉隠こと坂川屋利右衛門、勧進元の中六こと中屋六右衛門、差添の鮒與こと鮒屋與兵衛のほか、俳諧の千住連の豆箕こと伊勢屋七兵衛、燕市こと溜屋甚兵衛が補助として名を連ねる。秋香庵は千住連を率いた建部巣兆の庵号であるが、文化十一年に亡くなっているので秋香庵をついだ加茂國村である。豆箕らの後にあるのはこのためであろう。この年、國村が板行した師巣兆追善の句集『曽波加理』の鵬斎序に「文化十四年丁丑夏五月」とあり、跋は國村の名である。この書画会と二代秋香庵の襲名や追善句集刊行との関わりが推測される。

當日酒量勝負附

第一番　三升八合　品川宿さがみ屋内旅人　上総屋専太郎
第二、　三升五、　本郷御弓町　辻　九佐衛門
第三、　三升二、　両国横山町　井上　喜十郎
第四、　三升一、　千住宿　佐藤　金露堂
第五、　三升　浅草馬道　指物屋文右衛門
第六、　二升七合《ママ》　吉原町女芸者　花立のせい
第七、　二升六、　深川木場　俳人右登冨喜
第八、　二升五、　瀬戸物町　むさし屋金蔵
第九、　二升二、　神田すだ町　松本　東庵
第十、　二升　板橋宿　石和与左衛門
第十一、　一升七合《ママ》　麹町平川　髪結　由蔵
第十二、　一升五、　芝蝋月町　黒川氏娘きく　年十五才
第十三、　一升四、　日本橋呉服町　和泉田　豊八

第十四、　一升二、　大伝馬町　　越﨑　巳之助
第十五、　一升一、　向嶋白髭前　　米吉　年十二才
右十五番迄は行司の人々側にありて、一々住居氏名をしるして、甲乙を分てり。其余の酒客は皆一升をもて限りとす。故に住居氏名を記さず、然れども此連十をもて数ふべし。

千住宿　政木長左衛門
酒戦会世話人　浅草　菊池清七
花川戸　村本幸三郎

この番付には十五人の名があるが、矢田挿雲『江戸から東京へ』は「当日酒量勝負番附」に記録された者として十四人の名を記すが、一人を書き漏らし、この番付を文化十二年のものとした。挿雲には資料調査の協力者がいたが、資料調査の協力者が見誤ったのであろう。おそらく国立公文書館蔵『街談文々集要』をみて、書写された文化十二年の番付を見落とし、貼り込まれたこの「当日酒量勝負番附」を書き写した際に、綴目近くにある一人を書き漏らしたものと推定される。

この番付を見ただけでは、いつどこで開催されたものかは不明であるが、『街談文々集要』にある「新書画展覧会引札」から文化十四年の書画会に付随した酒宴の座興の酒合戦とみるべきである。子供の参

加があることも、書画会を盛り上げるための座興の酒合戦を示しているといえる。江戸時代後期の俳諧師で、千住関屋（東京都足立区）に住んでいた建部巣兆の自撰発句集『曽波可理《そばかり》』は、春秋の部の自筆稿本が仕上がったあと、文化十一年（一八一四）十一月十七日に巣兆が亡くなり、秋香庵《しゅうこうあん》の庵号を継承した加茂國村が、巣兆の書法に倣い秋冬の部を撰句して稿本を書上げた。『曽波可理』は、亀田鵬斎《ぼうさい》の文化十四年五月の漢文序、酒井抱一の文化十四年五月上澣《じょうかん》日（上旬）序をもつ発句集として板行された。

亀田鵬斎の序（書き下し）は「翁、妻子を棄てて道山《どうざん》に行くこと、已に三載《さんさい》なり。今茲、その弟子國村なる者、その句を集めて、諸を同志の士に傳えんと欲し、乃ち序を余に徴《もと》む。余、之を讀み、感奮の情に勝《た》へず。是に於て筆を涕《なみだ》に濡らして、その首に題す」とあり、抱一の序も「兆身まかりて後、國村、師を重ずるの志厚し。一冊の草紙となし梓にのぼす。其はし書せよと言ふ。いなむべきにもあらず、頓《とみ》に筆を採て只兆に譏《そし》られざる事をなげくのミな理《り》。」とあるところから、追善の意味もあったのであろう。それにしては巣兆の年忌とのずれていることが疑問である。國村が秋香庵を継いだ時期も明確ではない。

國村の庵号継嗣時期と巣兆の年忌とずれる板行時期の経緯を、最初の板行である五味多四郎板『曽波可理』に見られる藤森素檗《そばく》の消息や國村の摺物などからみていく。

國村の庵号継嗣の時期は、素檗の消息と國村の句から推定される。島田筑波（一郎）「名人鯉の隠居、佐可和鯉隠」は、筑波が見た國村の句のある摺物のことを次のように記している。

私を励まして鯉隠研究に油をかけてくれた人々も二三名はあった。その一人は天金、他の一人は平六堂佐野純君で、もう一人は千住三丁目の大野徳三郎老人であった。

この人々の内で、眞先きに絹本の半折を見付け出したのは佐野純君であり、（中略）その幅は、いつか天金の手に這入って、今も自慢の一幅となってゐる。（中略）大野老人も、肉筆ではないが、奉書刷に山伏が法螺の貝を吹き立て、ゐる圖の摺り物に、

祝菴嗣、倣菜翁、鯉隠居筆として、

大曾良《おおぞら》やひと交《まじわ》りもみそさゞい　秋香菴國村

という國村の句のある一枚摺を得た。

思うにこの摺り物は、國村が巣兆の秋香菴の菴號を嗣いだ時の摺り物であって、鯉の隠居は巣兆について畫を學び句を習ったものであろう。

この句の「みそさゞい」は冬から初春に人家近くにいる小禽で冬の季語となる。庵号継嗣は巣兆の命日月である十一月とみられる。天金というのは、東京銀座の天麩羅屋「天金」の主人池田金太郎氏のことで蔵書家として知られたが、第二次大戦の空襲で全焼した。天金は国文学者の池田弥三郎氏の実家で、昭和二十一年に復員した弥三郎氏は当時のことを『わが町銀座』サンケイ出版で「わたしが帰って来たとき、父が一代で集めた書画も奇覯本も、根こそぎなくなってしまっていた」と語る。

『曽波可理』の素檗消息は、春夏の部と秋冬の部の間に一丁半の広いスペースに、本文十一行と署名・月日をそのまま写したものである。

一、巣兆居士年《とし》
来《ごろ》の玉句ども

数吟御写し
被下《くだされ》候様ねがい
上候。句集御出し
被成《なされ》候事、明年
頃が可然《しかるべく》候。急ぐ
とあやまりある
ものなり。かねて
の御懇意、小子には
いづれ御内見希《ねがひ》候。

六月廿五日　素檗

この消息の日付には年の記載はないが、「玉句ども数吟御写し被下候様」とあるところから、國村が巣兆発句の撰句と清書をしていた巣兆没年の翌々年である文化十三年と思われ、明年頃とは同十四年となる。撰句・清書に注意して、庵号継嗣後でも上梓するようにとの内容と考えられる。庵号継嗣は巣兆の年忌にあたる文化十三年十一月十七日頃とみてよいと思われる。『曽波可理』の実際の板行が文化十四年であることは、前述の書画会がかかわっているようである。

書画会の会場が、昭和二十年四月十三日夜から十四日未明にかけての空襲による戦災にあう前には、巣兆作品を多く所蔵し、巣兆寺の異名があった源長寺（足立区千住仲町）というのも追善・庵号継嗣の意味があると思われる。

　永野家文書の『旧考録』には、この席で使用された杯は「筑波山杯五升入、蓬莱盃一升入、蜂龍蟹三ツ組小盃等」とあるが、補助として名前のある鮒與のご子孫の内田家に現存する大杯は、図柄は隅田川とススキの原の向こうに筑波山が描かれる。蜂龍蟹三ツ組小盃も名称どおりのものが内田家に現存している。三ツ組盃の裏面には「丁丑夏五月」と製作年がある。

　足立区の永野家文書『旧考録』の内容と内田家に伝わる蜂龍蟹三ツ組小盃の銘から、引札に秋香庵の名が見られる書画会の開催時期は、文化十四年五月二十五日である。

　書画会に酒宴が付随するすることは、寺門静軒『江戸繁昌記』でよく知られる。また書画会の開催は「会に先だつこと数月、日をトんで一大牌を掛げ、書して曰く、晴雨に拘らず、某の月某日を以って会す。四方の君子の顧臨を請ふ」とある。菊池貴一郎『江戸府内絵本風俗往来』の書画会の項でも「此会は半年前より準備にて、案内を諸所に配布す」とある。書画会の企画が半年ほど前からのこととすると、文化十四年五月二十五日の書画会は前年十一月の國村の庵号継嗣の際に話がまとまり、巣兆の発句集板行も企てられたものと思われる。巣兆の年忌にあたる文化十三年には板行が叶わないことにより、文化十四年の板行となり、このため素檗消息を『曽波可理』に加えられたと推測される。

　夏目成美の文集『四山藁』の「賀巣兆書画会辞」に、かつて巣兆が開催した書画会に対し「旧友巣兆同好をあつめ莚をまうく（中略）来り集る門人等、束脩のつゝみ物をもてけふの費にあてむとす」とあり、参会者の祝儀で収入を得ていたことがわかる。さらに「此事世の中めきたりとて、ひそかにかたぶきいふもの有。予いはく、しからず。凡四民はさらなり。その余の遊民、技芸をもて口服のはかりごと、なす。人みなおなじ。そのいふ人、もとより世を貪る心かはりなし」と続け、世に広く書画会がおこなわれ金銭を集めることを非難する人がいるが、技芸で口服（腹）つまり生活することは非難されることではないと反論している。句集板行の資金集めと二代秋香庵のお披露目を兼ねた書画会が、鯉隠と千住連を中心に開催されたと考える。

千住宿二丁目の永野家文書の『旧考録』という古記録の後編に「中六酒合戦」として文化十二年の酒合戦のことが記されるが、「山崎鯉隠、高陽闘飲再会」として山崎鯉隠（鯉隠居）と文化十四年の酒合戦のことも記される。酒合戦の再会としているが、現存する引札と当日酒量勝負附から、書画会とそれに付随する酒宴の記録と判断される。足立区風土記編さん委員会の翻刻（一部を略）を元に示す。

山崎鯉隠、高陽闘飲再会
千寿大橋の最寄字川原に山崎姓某とて
寛政己未年の頃秋香庵巣晁先生の門
弟となり、其後文化の年間に詩歌俳諧並
古土佐風の画等の師傳をうけて名を弥勒
庵鯉隠と号して風雅人となり、先年

中六亭におゐて都下田園の飲客集りて高陽戦飲會あり。予又累日寿觴傾く事も是偏に弥勒布袋の御誓ひを背かんやと天に仰き地にふしてよろこぶこと限りなし、是によつて弥勒布袋の像を紙上に写さん事を予師晁先生に乞ひ求めて一軸となし、予菩提寺稲荷山源長精舎において、文化十四丁丑年五月廿五日高陽戦飲の再會を催ふせし、此日本堂に白幕を張り正面には大幅の弥勒布袋の一軸を掛る、此画は文晁先生、讃は鵬齋なり、此掛物の前にて玉緑酒樽十駄を積ミかさね

（中略）

猶又會後、此弥勒布袋の画像を小幅の摺物にして、武州、上州、常州、上總、下總邊の酒造家より所望にて施板あると聞く（後略）

「千住の酒合戦」は、酒合戦といっても、単純な飲みくらべではないようで、酒合戦の様子を戯文にまとめた大田南畝の「後水鳥記」をみると「来れるものにをのをの酒量をとひ、切手をわたし休所にいたらしめ、案内して酒戦の席につかしむ」とある。さらに、飲む量をあらかじめ定めることは厳格に守られ「松勘といへるは（中略）此日大長と酒量をたたかはしめて、けふの角力のほてうらて（最手占手）をあらそひしかば、明年葉月の再会まであづかりなだめ置けるとかや」と記される。

参加者（厳密には賀宴の招待客）は、受付で自身の飲み干せる酒の量を申し出て切手（受付票）を受け取り控室に案内された後、呼び出されて酒戦の席についたということである。松勘こと松屋勘兵衛は三升七合飲んで、先に四升飲み干した大長こと大坂屋長兵衛よりも飲めるとの申し立てがあったが、今日は先に申し出の酒量まで、二人の飲みくらべは来年八月に改めて行うこととしてなだめ、証人は世話役の鯉隠居ら三人の旦那衆であった。

酒宴の際のとりきめを酒令というが、次のように説明される。「酒宴のときに諸々のとりきめをして、これに違えば罰杯を飲ませたり、諸々の遊戯をして、負けた者が罰杯を飲むなど、酒宴を盛りたてるもので、そのとりきめを令という。遊戯はジャンケンや数取りのような簡単なものから、文字音韻詩賦故事などを用いたものまで、千差万別で、それぞれ何々令と銘打たれている。」要は酒宴を盛りたてるために罰杯を飲ませるものである。

千住の酒合戦のあらかじめ定めた酒量を厳格に守り、罰杯を求めないという令《れい》（きまり）は、『五雑組』にならったものではないかと考える。『和漢三才図会』の酒悖《さけのよい》に引用された『五雑組』の「古人嗜酒以斗為節（古人は酒を嗜《たしな》むのに斗をもって節《くぎり》とする）」の項は次のように続いている。

『五雑組』（巻七、人部三）

酒量（『五雑組』に見出しはないので現代語訳の見出し）

汪司馬毎レ飲大小尊罍錯陳以盡二一几一為レ率啜レ之至レ盡略無二餘瀝一（中略）然汪嘗言善飲者必自愛二其量一毎見二人初即レ席便大吸者一輒笑レ之亦可レ謂二名言一也

現代語訳（岩城秀夫氏訳）では

汪司馬（汪道昆《おうどうこん》）は酒を飲む毎《たび》に、大小の尊罍《そんらい》（酒甕）をいろいろとりまぜて並べ、一つの几《き》（卓）に並んでいるのを飲みつくすのを、率《りつ》（標準）とした。そして酒がつきるまで啜《すす》り、ほぼ余瀝《よれき》がなくなるまで飲んだ。（中略）しかし汪（汪道昆）はあるときこんなことをいった。「善く飲むものは必ずその量を大切にする。席につくと、すぐ大吸（がぶ飲み）する人を見るたびに可笑《おか》しくなるのだ」また名言というべきである。

賀宴の世話役であった鯉隠居が催主らと相談して、あらかじめ申し出のあった酒量まで充分に接待したものであろう。催主らも『五雑組』の内容を共有していたと考える。

『旧考録』にある巣晁先生と晁先生はともに建部巣兆のことで、「予」というのは鯉隠居のことだが、巣兆は文化十一年に亡くなっているので記された内容は前後している。文化十四年の酒合戦（実際には書画会）の際に会場の正面に掛けられた「弥勒布袋の一軸」というのは弥勒仏を布袋和尚の姿で表現した画幅で、中国では普通に行われるが我が国ではほとんど見られないものである。この大幅は現存しないが、小幅の摺物（縮小した木版刷）は一九八七年開催の足立区立郷土博物館「千住の酒合戦と江戸の文人展」に出展された。谷文晁の布袋像に亀田鵬斎の賛があるものである。布袋像の前に酒樽を積み重ね酒宴も開くのは、やはり『五雑組』を参照してのことである。

『五雑組』（巻十六　事部四）

蘇晋の繍仏

唐蘇晋（中略）学二浮屠術一嘗得二胡僧慧澄繍彌勒佛一本一寶レ之嘗曰是佛好飲二米汁一正與二吾性一合吾願事レ之他佛不レ愛也

現代語訳（岩城秀夫氏訳）では

唐の蘇晋は（中略）浮屠の術（仏教）を学んでいたが、あるとき胡僧の慧澄が刺繍した弥勒仏（布袋和尚）の軸を手に入れ、宝としていた。かつてこういっていたことがある。「この仏は米の汁を飲むのがお好きで、わしと性が合う。わしは願わくはこの仏におつかえし、他の仏は愛さないことにしたい」。

唐の蘇晋は杜甫の「飲中八仙歌」で「蘇晋長斎繍仏前、酔中往往愛㆓逃禅㆒」と詠まれた大酒飲み、米の汁は酒のことである。この会の引札「新書画展覧会」には、催主が鯉隠（鯉隠居）、補助には中六など千住連が名を連ねている。文化十二年の酒合戦と同じく『五雑組』による中国の風習に倣ったものであった。岩城秀夫氏訳では弥勒仏は布袋和尚であるという中国の布袋信仰を前提としていて布袋和尚の説明はない。馮時化の『酒史』の杜甫「飲中八仙歌」では「弥勒仏即布袋和尚」と説明される。石井公成氏「仏説摩訶酒仏妙楽経講解」の『酒史』の蘇晋の翻刻と書き下し文を示す。

『酒史』の「飲中八仙歌」蘇晋

学浮図術、嘗得胡僧慧澄繍弥勒仏一本、宝之。曰、是仏好米汁、正与吾性合。吾願事之。他仏不愛也。弥勒仏即布袋和尚。嘗於市中飲食猪頭、人不之識。

書き下し文

［蘇晋は］浮図の術（仏教）を学び、嘗《かつ》て胡僧慧澄の繍弥勒仏（刺繍の弥勒仏像）一本を得て、之を宝とす。曰く、是の仏、米汁を好み、正に［酒好きな］吾が性に合《かな》ふ。吾、之に事《つか》ふるを願う。他仏は愛さざるなりと。弥勒仏は即ち布袋和尚なり。［布袋は］嘗て市中において飲酒し猪《ぶた》の頭を食らう。人、之を識らず（真価がわからなかった）。

鵬斎は文化十二年に闘飲図巻の「高陽闘飲序」で馮時化《ふうじか》の『酒史』を引用しているので「弥勒仏《みろくぶつ》即《すなわち》

布袋和尚《ほていおしょう》」は理解していた。中国絵画を研究していた文晁も同様と思われる。こうした人びととの交遊を通じても中国文化への理解を深めていったのであろう。

千住の酒合戦は単純な酒の飲みくらべと思われているが、百人を超える招待客に対して、南畝の「後水鳥記」にある「はかりなき酒のともがら、終日しづかにして乱に及ばず」、「これは草野の奇談」を実現できたのは、自己申告で上限を定めた酒の令（きまり）であった。松勘のまだ飲めるという申し出を厳格に守らせたのも『五雑組』から得た汪道昆の酒量の話によるものである。

上戸だけでなく下戸に対する対応も愉快なものである。『五雑組』は知らなくても「饅頭こわい」を知る招待客もいたことであろう。『五雑組』を元にしたことは饅頭の数が百個であることから明白である。食べきれるように小振りの壱分饅頭にしたのも見事だが、九十九個食べた八兵衛の対応も見事である。

文化十四年の書画会で弥勒仏に擬えた布袋像を掲げ、酒を供えるという風習は、我が国にはほとんど見られないものなので、『五雑組』から学んだ中国の知識である。この年は建部巣兆追善の発句集『曽《そ》波可理《ばかり》』の刊行された年であり、書画会の催主と補助に鯉隠居と千住連が名を連ねるのは、書画会が追善発句集の刊行に関わりを示しているとおもわれる。江戸後期の宿場での文人サロンの一つのかたちを現わすものである。

寺門静軒『江戸繁昌記』（天保三年刊）は、礼に始まり乱に終るといわれた書画会の様子を、皮肉を込めて描いている。該当部分を竹谷長二郎氏の訳『江戸繁昌記（上）』でみる。

当今文運が盛んで、文人や墨客は仲間をつくって結社をつくる。いやしくも風流で、胸中に書画の蓄えがあり、才と徳がともに備わる者が、ひとたび結社に関係すると、人びとは先生としておしあがめ、名声が天下のすみずみまで知れわたる。（中略）私は結社に参与していないが、前に末席に連なったことは何回かあり、その盛んなありさまなどほぼ見て知っている。（中略）会に先だつこと数か月、吉日を選んで大きな看板をかかげ、「晴雨にかかわらず、某月某日開催する。四方の君子のご臨席を請う」と書き、かつ揮毫する先生の姓名を大きく書いてかかげる。そこで人びとは世にこういう先生がいることを知らないものはないことになる。これは中国の官吏登用試験の及第者の発表の氏名と同じで、その栄誉は知れわたる。（中略）当日先生は礼装をし、こぶしをひざに置き、いかめしく上席にすわる。席のうしろに手すりを設け机をすえ、会計二人が筆を耳にはさんで帳簿をつける。そのとき、客と主人が挨拶するさまは、ちょうど年賀の客が質屋の店で新年の挨拶をするように（中略）一応威厳を保って対している。客の剣を預る者があり、食事を司る者があり、清酒のかんをする者、茶をくむ者が手分けをしてはたらく。そのうち客が群がり集まってくる。主人は左右に応接し、お祝儀をいただくのに一応辞退するようなかっこうをするのだが、それに暇がないほど忙しい。だからどうして酒杯のやりとりの暇があろうか。客はおたがいに中心となって杯をあげてくみかわす。名妓数人を呼んで応接の役にあて、酒の席を面白くさせる。冗談を言ってふざけ、糸竹管絃の楽しみはないが、笑ったり、杯をさしたりして、大いに酔狂を発する。（中略）赤い毛氈の席を数か所区画をして設け、諸先生がかわるがわる席に上がり、揮毫すると、紙上に龍が走り、筆下に鳳が飛び上がるような筆跡の妙を現出する。（中略）酒は流れ、肴は崩れ、騒ぎのやかましいこと、雷が鳴りひびくがごとく、ごみが雲のように舞い上がる。（中略）雑踏がしだいに収まり、茶屋の軒先にともしびがともる。世話役が「夜を通してはいたしません」とふれ回るので、酔客はやむをえず席を立つ。

第四章　万八楼の酒合戦（文化の酒合戦2）

一　曲亭馬琴の『兎園小説』

兎園小説は、曲亭馬琴が友人・知人と開催した兎園会で発表しあった異聞奇談を収録した記録集で、文政八年（一八二五）成立の十二巻七冊（本集）の写本。『日本随筆大成』第二期第一巻に収録され広く知られている。日本随筆大成本の底本は、馬琴手沢本からの写本で、小津桂窓に譲渡された馬琴手沢本は、現在は天理図書館に所蔵されるものという。

兎園小説には不思議な話が集められているが、本書では、本集のうち第十二集に収録された「大酒大食の会」を取り上げる。この話は『兎園小説』の不思議な話の中でも古くから論議があり、真偽や内容のことはともかく名称だけは引用されることが多い話である。

その前に会場となった柳橋料亭街の繁栄の様子を、成島柳北『柳橋新誌《りゅうきょうしんし》』初篇、明治七年刊（安政六年成立）から見ていく。漢文なので書き下しを新日本古典文学大系本から示すことにする。

柳橋の地は乃《すなは》ち神田川の咽喉なり。而して両国橋と相距《へだた》る。僅かに数十弓《けん》のみ。故に江戸舟楫《しゅうしゅう》の利、斯《こ》の地を以て第一と為して、遊舫《やねぶね》・飛舸《ちょき》最も多しと為す。（中略）酒楼の夥しき、亦都下に冠たり。曰く川長《かわちょう》、曰く万八《まんぱち》、橋の北に在り。曰く梅川《うめがわ》、亀清《かめせい》、曰く河内《かわちや》、曰く柳屋、橋の南に在り。平三《ひらさん》や、深川《ふかがわてい》や、草加《そうかや》や、皆帘《れん》を米沢街《よねざわちょう》の側に張る。而して柏屋・中村・青柳三楼、亦咫尺《しせき》水を隔つるのみ。其の他、丸竹・若松・和泉佐《いづさ》・小松亭の若き小店子肆《でみせ》、指僂《かがむ》るに暇《いとま》あらず。

中に就く、酒肴最も佳なる者は、川長なり。柏屋之に次ぐ。万八・河内・中村等の家は、即ち俗に貸席《かしざしき》と称する者にして、右軍道子《しょかえかき》の書画会、陶朱猗頓《かねもち》の醵金会《むじん》、及び歌《おどりしゃみせん》舞・挿花《はな》の師《ししょう》、業を開《ひら》き技を試むる者、仮りて以て筵《むしろ》を排《なら》べ、衆を募《つの》る為にす。聞く、更代藩士《きんばん》の始めて都《えど》に来たる者は、必ず先《ま》づ梅川若《も》しくは青柳に飲むと云ふ。

書き下しもまだ難しいので現代語文にあらためみる。

柳橋があるのは、隅田川にそそぐ神田川の喉元である。そして隅田川にかかる両国橋と並んでいる。わずかに数十間の距離である。このため江戸の水運での利便は第一で、遊覧の屋根舟・船足の速い猪牙舟が最も数多い。（中略）

料亭がおびただしく並び、江戸に冠たる眺めである。川長、万八は柳橋の北側にある。梅川、亀清、河内屋、柳屋は橋の南側にある。平三や、深川亭や、草加屋は暖簾を米沢町に下げる。そして柏屋・中村・青柳の三つの料亭はわずかに川を隔てている。そのほか丸竹・若松・和泉佐・小松亭のような小店や出店は指で数えることができないほどだ。

その中でも、酒肴がよいのは川長である。柏屋がこれに次いでいる。万八・河内屋・中村等の座敷はいわゆる貸席という所で、書家画家が即売する書画会、金持ちが金銭を融通し合う無尽会、それに踊りや三味線や生け花の師匠の技芸の教授を受ける者の温習会（おさらい会）で人を集める。聞くところによると、勤番の交代藩士で初めて江戸に来た者は、必ずまずは梅川か青柳で飲酒するという。

江戸一番の料亭街で、会場の万八楼（万屋八郎兵衛方）は貸席で有名である。

文化十四年丙丑三月廿三日、両国柳橋万屋八郎兵衛方にて大酒大食の会興行、連中の内稀人の分書抜

酒組

一、三升入盃にて三盃、　小田原町　堺屋　忠蔵　丑六十八

一、同六盃半　芝口　鯉屋　利兵衛　三十

其座に倒れ、余程の間休息致し、目を覚し茶碗にて水を十七盃飲む

一、五升入丼鉢にて壱盃半　小石川春日町　天堀屋七右衛門　七十三

直に帰り、聖堂の土手に倒れ、明七時迄打臥す

一、五合入の盃にて拾壱盃　本所石原町　美濃屋　儀兵衛　五十一

跡にて五大力をうたい、茶を十四盃飲む　金杉　伊勢屋　伝兵衛　四十七

一、三合入にて弐拾七盃

その後飯三盃、茶九盃、じんくを躍る

一、壱升入にて四盃　山の手　藩中之人　六十三

跡にて東西の謡をうたひ、一礼して直にかへる

一、三升入にて三盃半　明屋敷の者

跡にて少の間倒れ目を覚し、砂糖湯を茶碗にて　七盃跡飲む

右之外酒連、三四十人計り有之候へども、二三升位の故不記之

菓子組

一、饅頭　五十　一、羊肝　七棹

一、薄皮餅　三十　一、茶　十九はい　神田　丸屋　勘右衛門　五十六

一、まんぢう　三十　一、鶯餅　八十

一、松風せんべい　三十枚　一、沢庵の香の物丸のまゝ五本　八町堀　伊豫屋　清兵衛　六十五

一、米まんぢう　五十　一、鹿の子餅　百

一、茶　五盃

一、まんぢう　三十　一、小らくがん　弐升程
麹町　佐野屋　彦四郎　二十八
一、ようかん　三棹　一、茶　十七杯
千住在　百姓　武　八　三十七
一、今坂餅　三十　一、煎餅　弐百枚
一、梅干　壱壷　一、茶　十七盃
丸山片町　安達屋新八　四十五
一、酢*茶碗にて　五十盃　一、茶漬　三盃
麻布　亀屋左吉　四十七
飯連（割註：常の茶漬茶碗にて万年味噌にて茶つけ 香の物ばかり）
一、飯五十四盃　とうがらし五十八
浅草　和泉屋吉蔵　七十三
一、同四十七盃
小日向　上総屋茂左衛門　四十九
一、同六十八盃　醤油二合
三河島　三右衛門　四十一
鱣連（割註：いつれも貴撰の茶つけ）
一、金壱両弐分　うなぎすじ
本郷春木町　吉野屋幾左衛門　七十五
一、金壱両壱分弐朱　中すじ
深川仲町　万屋吉兵衛　五十一
一、金壱両弐分　同　飯七盃
浅草　富田屋千蔵

一、金壱両弐朱　同　飯五盃　　両国　米屋善助　四十八
蕎麦組（割註：各二八中平盛、尤上そば）
一、五十七盃　新吉原　桐屋惣佐衛門　四十二
一、四十九盃　浅草駒形　鍵屋長助　四十五
一、六十三盃　池之端仲町　山口屋吉兵衛　三十八
一、三十六盃　神田明神下　肴屋新八　二十八
一、四十三盃　下谷　藩中の人　五十三
一、八寸重箱にて九盃　豆腐汁三盃　小松川　吉左エ門　七十七

右にしるす数人は、浜町小笠原家の臣某が、その会にゆきて見るに違なしといへり。人の飲食いの量、大概限りあるものにていと疑しきまでなり。されど予いぬる日、お玉が池なる縁家ゆきしとき、新川の酒問屋（割註：家名忘れたり）喜兵衛といふもの来て、このもの、水を飲むこと天下第一なるべしと自負するよしなれば、いざとて一升余も入るべき器に水を十分入れてだしゝに、忽弐碗をのみほして、さていふ、おのれ既に飯を喫して、いくほどもなければ多くのみがたし。食前ならんには、今一弐碗は容易しといへり。予が目撃せしもの、この喜兵衛と九鬼侯の医師西川玄章が枝柿を百食ひしとなり。かゝれば大食大酒の人は、おのづから異なるところありやしらず。

内容の説明を行う、菓子組「羊肝」は羊羹のこと。「松風せんべい」は小麦粉を溶かし、厚く平たく

焼き、表に砂糖液を塗りケシ粒をつけた干菓子。「今坂餅」は楕円形の餡餅で紅白に着色され、今盛餅や美作餅とも呼ばれる上級品。「鱣連」の「鱣（だん）」は中国ではチョウザメを指すが、我国では「鰻」と共にウナギを指す文字である。「うなぎすじ」というのは小形のウナギを長焼きなどにしたもので、かつては一本の串にウナギ五本程を並べて焼いたものを筏（いかだ）と称した。小形のウナギは脂の乗りが少ないのでウナギ本来の味が楽しめると通人に好まれたという、山東京伝の洒落本『通言総籬（そうまがき）』に、注文するウナギの種類を問われ「やっぱりすじは長焼きの事さ」と答えるくだりがみえる。喜田川守貞『守貞謾稿』岩波文庫によれば、江戸での蒲焼の値は「大一串、中二、三串、小四、五串を一皿」とし、各値二百銭（文）という。同じく『守貞謾稿』によれば一両の実勢が六貫四百文（六千四百文）となる。一両を四分（歩）、一分を四銖（朱）とする四進法にしたがえば、「壱両弐分」の蒲焼の量は四十八皿に相当、「壱両壱分弐朱」の蒲焼の量は四十四皿に相当する。鰻の蒲焼に飯が付いてくるのが一般的になる前なので、飯が茶漬飯として提供された。「貴撰」というのは茶の銘柄でもあったが、喜撰法師が茶汲み女を相手にする歌舞伎の所作事から、茶全般を指した。

食の伝道師を自負する小泉武夫氏の『幻の料亭・日本橋「百川」』（新潮文庫版『幻の料亭「百川」ものがたり』）は、「「すじ」とは長いまま焼いた鰻のことで、今でいう「長焼き」である。千蔵や善助はこれをそれぞれ一両二分、一両二朱相当食べたというのである。今日の金額に換算すれば、およそ十二万から十五万円となる。店によって値段は異なるであろうが、仮に蒲焼き一枚を二千円とすると六、七十枚食べたことになる」とあるが、同意しかねる説明である。それ以上に疑問なのが同書にある「当時、江戸のあちこちでは、「大酒之会」というものが行われていた」というところである。江戸で大量の酒が消費されていたのは確かだだが、千住で行われた「千住の酒合戦」を除くと「大酒之会」の記録はほとんどないので是非教えていただきたい。管見では、「千住の酒合戦」続戦とあとに記す『眞佐喜のかつら』の記録である。どちらも書画会に付随する酒宴である。

「酒組」参加の「明屋敷の者」は何者だろう。笹間良彦氏『江戸幕府役職集成〈増補版〉』雄山閣出版によれば、江戸城留守居役の下役に「明屋敷番伊賀者」というのがある。江戸府内で、大名旗本が屋敷替えや改易で無住となった明屋敷に交代で住んだり見廻ったりする役目という。伊賀者が隠密御用をつとめていたというのは江戸初期だけで、後は御庭番が隠密役をやり、伊賀者はもっぱら諸役の同心級という。名前は出してないが、役目を明かすものだろうか。同じく「酒組」参加の「鯉屋利兵衛」の飲酒量が破格である。「三升入盃にて六盃半」というのは十九升五合である、身体の大きな相撲取の力士なら可能かもしれないことであろうが。拙著『千住の酒合戦と後水鳥記』三弥井書店で落語の枕にもなった伝説で知られる当時最高位の大関雷電為衛門の名を挙げたが、今回は甚だ疑問である。

二　『文化秘筆』などにみえる「大酒大食の会」

『文化秘筆』は、『未刊随筆百種』に収録。三田村鳶魚氏の解題によれば、文化のはじめより文政のとき十年ほどの見聞を収録したもので、当時江戸で流行した嘘話を数多く書き集めたり、中にはこれは嘘なりと書くものもありとなっている。

『文化秘筆』

文化十四年丑年

一　三月何日カ日ハ不承候、両国柳橋萬屋八兵衛方ニテ大酒大食會興行連中、

稀人之分書抜

酒組

一　三升入盃ニテ三杯、皆々へ一禧ヲ伸帰ル　小田原丁堺屋　忠兵衛　丑六十八才

一　同六杯半　芝口　鯉屋　利兵衛　三十八才

其座ニテ倒レ、餘程ノ間休息イタシ、目ヲ覚シ、茶碗ニテ水十七杯

一　五升入丼鉢ニテ一杯半　小石川春日丁　大坂屋　喜右衞門　七十二才

直ニ帰、聖堂前ニテ倒レ、明七ツ時比迄臥

一　五合入盃ニテ十一盃　本郷石原町　儀兵衞　五十七才

跡ニテ五太刀ヲ謡、茶ヲ十四盃

一　三合入盃ニテ廿七杯　金杉　傳兵衞　四十七才

跡ニテ飯三盃、茶十四杯、ジンクヲ躍

一　壹升入盃ニテ四杯　山ノ手御屋シキ者　三十三才

跡ニテ諷一番（小謡）、一禮ヲ伸歸ル

一　二升盃ニテ三杯半　同御ヤシキ者ニテ　四十五才
　路ニテ少々ノ内倒レ、目ヲ覚シ、砂糖湯茶わんニテ十二杯
右ノ外酒連三四十人計有之候得共、二三升位ノ┐《ママ》（者ヵ）不記

菓子組

一　饅頭五十　羊肝七サヲ　薄皮餅卅　茶十九杯　神田　勘右衛門　五十三才
一　饅頭三十　鶯餅八十　松風三十枚　澤庵香ノ物其儘五本　八町堀　いすや　清兵衛　六十五才
一　米饅頭　五十　鹿ノ子餅百　茶五はい　糀丁　佐野や　彦四郎　二十八才
一　饅頭三十　小落雁二升計　羊肝三サヲ　茶十七杯　千住在百姓　武　八　三十七才
一　今坂餅三十　煎餅二百枚　梅干二升　茶十七杯　丸山片丁　足立屋　新　八　四十五才
一　醴*茶碗ニテ五十杯　菜漬三把　麻布　亀屋　佐　吉　四十三才

飯連　常ノ茶碗ニテ万年味噌茶ニ香ノ物

一　飯五十杯　唐辛子五十把　浅草和泉屋　吉兵衛　七十三才
一　同四十杯　小日向上総屋　茂左衛門　四十九才

一　同六十八杯　　駿河町萬屋　伊之助　五十才
一　同五十三はい醤油三合　　三河島　三左衛門　六十才
　鰻連　何レモキセン煎茶
一　筋代一兩三分　　本郷春木丁　よし野や　幾右衛門　五十三才
一　中筋壹兩壹歩二朱　　深川仲丁　萬屋　太兵衛　六十才
一　中筋代壹兩二歩　飯七杯　　両國米澤丁　米屋　善　助　五十一才
　蕎麥組　各二八中平ニテもりアゲ
一　五十杯　　新吉原桐屋　惣左衛門　四十三才
一　四十九杯　　浅草駒形鍵屋　七　助　四十五才
一　六十三杯　　池ノ端仲丁山口屋　吉兵衛　三十八才
一　三十六杯　　神田明神下　つきや　新　八　二十八才
一　八寸ノ重ニテ九杯　豆腐汁三杯　　小石川　吉左衛門　三十六才
右文化十四丁丑年三月催之、此書付酒井若狭守様ノ御家来松本大七方ヨリ借寫置候處、其後承候ヘバ虚説ノ由

『文化秘筆』で注目されるのは文末の「其後承候へバ虚説ノ由」である。借り写したあとに本当かと聞いたら嘘だと言われた。この文から、万八楼の大酒大食の会は作り話だと断定される場合と、ほかに

も書留があるし、「大酒大食会絵巻」があるから事実だという意見がある。榊原文翠「大酒大食会絵巻」江戸東京博物館蔵は、酒組・菓子組・食連中（飯組）・うなぎ組・そば組の文のあとに飲食風景を描く小形の絵巻である。巻末に「戊申春日、八十五歳、文翠画」とある、戊申《ぼしん》の年で、数えの八十五歳で該当するのは明治四十一年（一九〇八）にあたり、文翠が実際に見た写生ではない。新聞記事に幕末期に大和絵復興に取り組んだ絵師と作品を、再現ドラマを交えて紹介した美術ドキュメンタリー「京都『やまと絵師』物語」（二〇一九）がＮＥＴ配信されたという内容だ。田中訥言が中心人物だが、登場する絵師の一人が文翠だ。文翠は村上清治監督の父方の曾祖父にあたる。旗本の家に生まれながら、谷文晁に師事し、大和絵を手がけるようになった。訥言の菩提寺である京都・日體寺には文翠による訥言の肖像画がある。画賛では訥言の悲劇的最期が語られる。目が見えなくなったら絵が描けなくなるので、自死すると語っていた彼（訥言）は晩年に失明。絶食しても死ねず、ついには舌をかんでなくなったと記される。

もう一つ気づくことは、『兎園小説』では菓子組の「酢茶碗にて五十盃」が『文化秘筆』では「醴《あまざけ》茶碗ニテ五十杯」となっている。「大酒大食会絵巻」も「あま酒五十杯」で、後で扱う『藤岡屋日記』と『視聴草』でもそれぞれ「甘酒」・「醴」と記す。あまり見ない加藤曳尾庵の筆録『我衣』も「あま酒」、大郷信斎の筆録『道聴塗説』も「醴」である。転写される過程で菓子組に違和感があるので、「酢（醋）」↓「醴」↓「甘酒（あま酒）」と変わった可能性があるが、『兎園小説』の「酢茶碗にて五十盃」とある意図は伝わらなかったということであろうか。

『眞佐喜のかつら』は、『未刊随筆百種』に収録。三田村鳶魚の解題によれば「著者青葱堂冬圃の何人なるか知らず、只た深川の商人にて何の科にや江戸拂いとなりて、関西に遯れ、弘化の頃四谷に住みしこと、巻頭の二序の見ゆ、此の書は嘉永安政の交に随筆せしもの、如し、頗る遺聞に富み、軼事亦多し」とある。弘化年間（一八四四―八）四谷に住んでいて、嘉永安政の頃（一八四八―五四）に書き記し、すこぶる珍し話や人に知られていない事が多いので、鳶魚は収録したとする。

『眞佐喜のかつら』巻之三

一　享和より文化の頃、東都に大食會と云事流行して、甲乙を附、判付に人名を記し、もてはやす、予幼き時、父につれ立て柳橋万八樓に此會あるを見ニ行、府内は勿論近在よりも心得たる者ハ來り會す、見物も多くありて花〳〵敷事也、まづ下戸上戸と席をわけて、中央に行事の世話人居る、双方の飲食の員數を帳に記し、また張出す、其日上戸の大關は醫師の藥箱のふたにて酒一杯半、關脇同じく黒椀にて三十一杯、下戸の大關黒砂糖二斤、唐からし五合程、關脇大饅頭七十二、二八盛蕎麥廿八、其判附持居たれど失ひぬ

青葱堂冬圃は、子供の時に父親に連れられて柳橋万八楼での会を見たという、巻之一には「予文化初年に生れ」とある。内容が少し異なっている。酒飲みの上戸と酒を飲まない下戸に分け、上戸の一番（大関）は医者の薬箱のふたで酒を一杯半、上戸の二番（関脇）は酒を黒椀で三十一杯。下戸の一番（大

関）は黒砂糖二斤（容量ならば二升）、唐辛子五合、下戸の二番（関脇）は大饅頭七十二個、二八盛蕎麦二十八杯。医者の薬箱のふたは身（薬箱）とぴったり合うように深くつくった被せ蓋でかなり入りそうで、仮に四升半ならば一杯半では六升七合五勺程。黒椀（吸物椀カ）を一杯一合二勺ならば三十一杯で三升七合二勺程か。「其判附持居たれど失ひぬ」というのが残念である。場所が柳橋万八楼であるのは間違いないとしても日取りが異なっている可能性がある。拙著『千住の酒合戦と後水鳥記』で書画会に付随し、宴席の判附（番附）を取り上げた。大酒大食会ではなく書画会に付随した宴席だったのかもしれない。「文化十四年千住源長寺酒戦」と伝わる書画会に付随する飲み比べでは「勝負番附」がつくられ子供の参加もあった。

薬箱の大きさは、服部昭氏『江戸時代の薬箱』風詠社を参考にさせて頂いた。服部氏の調査で名称「土岐薬箱B箱」を付した、外箱（かぶせ箱）付内箱五段の内箱を積み重ねた外寸、奥行・間口・高さ、一六五×二六〇×一八八ミリメートルから、容量約四升五合とした。ちなみに内箱の全体重量は三・五キログラムである。医者の薬箱というのは往診のもので、薬箱に収納される生薬は、調合の処方に対応できるように品目数は多いが、各生薬袋の量は少なく患者一回分位しかない。大事な往診用の薬箱の外箱でお代わりして酒を飲んだ人は誰だろう、医者ではないと思うのだが。

三　加藤曳尾庵『我衣』などの聞書き

『我衣』巻十二、文化十四年自春至冬「太平日久しければ、逸民逸樂に耽り、はだし《ママ》（旗師・投機の商人）の事をぞなしにけり。兩國柳橋萬八楼にて今とし三月の比、大酒大食の會あり。其連席にて、抜群なる人の分を算ふるに」とある、加藤曳尾庵の世相の見聞を主とする日記随筆。

曳尾庵は天明二年二十歳のとき父母に従って小石川水戸邸内に住み二十六歳のとき失職。以後は各地を流浪。文化十三年七月に田原藩医に就職したが文政二年に退職して板橋宿で手習の師匠に転身。文政八年に旧知の世話で小石川の水道町に居をもとめ、そこを診療所とし、再び江戸の住人にかえった。この年『我衣』十九巻で終っている。

序文に「此書は、予幼少の頃より古老の物語の中、耳に止りし事のみを書あつむ。亦古寫本の中に、珍らしとおもふ事あれば抜寫侍る。他人に見する物にあらねば、文字の誤をも正さず、文の拙なるをもいとわず。併《また》此ころは處々に聞傳て、知己の見たきといふ儘、その賤筆を笑はれん事のかなしさに、こゝにはし書す。曳尾庵」。半生を傾注した随筆に、人が着たら行丈も合わぬだろうというので、我衣と名づけたという。巻十二には興味深い記載がある。「江戸の七坊主（中略）土地坊主（割註：狩野氏。畫が上手。古今のわるもの。入牢して名字取上らる）素川。道樂坊主（割註：姫路公の伯父《ママ》。所々に在住して光琳風の畫をなす。佛門に入といふ名斗にて不斷大門に入）抱一上人。是等皆雅人の集會などに常にいふ所の戯言也。此道に立よらざる人には其譯しれがたし」これは落書《らくしょ》なのだろう。

『藤岡屋日記』「文化十四年丙丑三月廿三日、両国柳橋万八楼にて大酒大食之会興行、連中稀人之分左ニ記ス」。須藤由蔵の見聞雑録で柳橋万八楼の大酒大食会を記録する

幕末頃に外神田の御成道、現在の東京都千代田区外神田の中央通りでＪＲ東日本秋葉原駅西側に、

「お記録本屋」といわれた古本屋があった。足袋屋の店先の露店に座り込んで一日も休まず何事か筆記していたという。名を由蔵、須藤氏で上州藤岡の人、吉原健一郎氏『江戸の情報屋』によれば、寛政五年（一七九三）の生まれである。天保年間に露天から店舗を開き、明治三年（一八七〇）藤岡に帰ったという。

『視聴草《みききぐさ》』「文化十四年両国柳橋於萬屋八郎宅大酒大食の會の連中抜粋の分書抜左之通」。宮崎成身の見聞雑録で柳橋万八楼の大酒大食会を記録する。

宮崎成身は幕臣として西丸小姓組、小十人組、持弓頭を歴任したことが知られる。幕府の各種編纂事業に編集員として加わり、徳川氏創業史『朝野旧聞裒稿』、歴代将軍の狩猟事蹟『大狩盛典』、対外通行記録『通航一覧』に関わっている。私的にも幕府の法令集『憲法類集』を編纂する。『視聴草』は天保元年の識語があるところから天保以前から慶応年間までの三十年余り継続された見聞雑録である。断片的な抄録でなく一枚または数十丁にわたるものを綴り合わせ、百七十八冊で構成される。「大酒大食会」は「三集之六」に収められる。『内閣文庫所蔵史籍叢刊特刊第二』として影印本がある。

『我衣』・『藤岡屋日記』・『視聴草』は、配列の違い・人名の違い・数量の違い・脱落はあるが、内容はほぼ同じである。いずれも事実の書留も多いが、風聞（噂）を書き留めたものも多い。元になった刷物があったわけではなく、次々借り写して伝わったものである。菓子組の記載はどれも「醴（甘酒）茶碗にて五十盃」。

もう一点、最近見つけた資料がある。長野県立歴史館蔵「諏訪郡上原村柿沢家文書」書簡である。長野県立歴史館が公開している「古文書公開日記29」（2020.4.1公開）の往来物の中に「文化十四年丑五月大飯食の写し」とあり「右両国万八にて当三月興行の由　大評判に御座候」とある。書簡が文政六年一月で、文政五年頃の評判を伝えるのだろう。愉快な話というよりは、飢饉が続くなか呆れた江戸の飽食を伝えているのだろう。

四　大郷信斎の筆録『道聴塗説』の大酒大食の会

『兎園小説』大酒大食の会自体が、報告者の海棠庵（関思亮）が見たことの報告ではなく、風聞の書留のあとに水を飲むことと枝柿を食うことを付け加えたものである。菓子組の「酢茶碗にて五十盃」は風聞のままなのだろうか。大郷信斎（良則）の筆録『道聴塗説』での「醴茶碗にて五十杯」が誤記でないとすると、関思亮の報告は「醴茶碗にて五十盃」であったかもしれない。馬琴の「五馬、三馬、二馬」の勧善懲悪や興継の「騙児悔非自新」の因果応報を考えると、関思亮の報告の大食の戒めの趣旨を強調するため、馬琴が「酢茶碗にて五十盃」に改変した可能性が考えられる。馬琴日記では、乞われて『兎園小説』の写本を作成している。対価を得ていたのだろう。日本随筆大成本の底本は石川畳翠本で、石川畳翠本は馬琴手沢本（天理図書館本）の写しという伝説がある。馬琴手沢本は兎園会での報告を改変、「醴」を「酢」にしたのでないか。ただ一文字を改変することで、報告の趣旨を明確にしたものと考える。結局、出所は噂で大酒大食の会は存在しなかった。

大郷信斎の筆録『道聴塗説』の大酒大食の会の部分をあらためて確認する。道聴塗説というのは孔子の『論語』のことばで、路上で他人から聞いたことを、すぐにその道でまた第三者に話す意である。信斎は、林述斎が麻布に作った学問所（城南談書楼）の教授で麻布の学究を名乗っている。冒頭は「此頃或家にて大酒大食の談に及びけるに、去ぬる文化十四年丑三月二十三日、両国柳橋万屋八郎兵衛方に於て、大酒大食の会興行、連中にて格別の輩、左の如し」。文末は「又過し頃、新川酒問屋喜兵衛、水を飲む事四、五升、九鬼家の医師西川玄章、枝柿百を食す。いづれも飲食の大量を見べし。されど聖賢の道、飲食有節、かゝる過度の酔飽《すいほう》は戒《いましめる》べき事にて、賞すべき事にはあらず」。そして、この記事の見出しは「酒食の大量」であり、趣旨は「かゝる過度の酔飽は戒べき事にて、賞すべき事にはあらず」。江戸市中はともかく、地方では飢饉の時代に、酔飽はいましむべき事。大酒大食の風聞があっても報告だけでは済ませられないと言う態度である。

酔飽とは酒に酔い飽きるほど食べること。酒と飢饉の関係をみていく。吉田元氏『江戸の酒―その技術・経済・文化』では「原料として大量の米を消費する酒造業は、常に食料の供給と競合せざるを得ない宿命にあった。（中略）江戸時代の全期間を通じて幕府の出した制限令六十一回に対し、その解除令は六回に過ぎず、全体としては酒造制限が基調だったといえよう。ただし税収源、米価の調整機構としても酒造業は重要だったから、凶作時でも完全に酒づくりが禁止されることはなかった」。

文化文政年間はおおむね豊作が続き、米が余って酒づくりが奨励された。文化三年（一八〇六）九月に、米価が下落して庶民が困窮しているからとの理由で、以後は休株はもちろん、酒造株を持たない無株の者も届け出れば酒づくりができるようになった。これは「文化三年の酒造勝手造り令」と呼ばれる。実際の文書を示す。

「近年米価下直にて、世上一同難儀之趣に相聞え候、右体米穀沢山之時節に付、諸国酒造人共は不及申、休株之者其外不仕ものにても勝手次第酒造渡世可致候、勿論酒造高是迄之定高に拘はらず仕入相稼可申候、右之通御料・私領・寺社領共、不洩様可被触者也。九月。右之趣可被相触候。」

（近年米価が下直（下落）して、世上（世間）一同が難儀（困窮）の趣（様子）聞える、右体（有様）は米穀が沢山（十分ある）の時節なので、諸国の酒造人どもは申すに及ばず、休株のものども（酒造株だけのもの）その他渡世（酒造業）に従事していないものも勝手次第酒造業を行ってよい、勿論酒造高はこれまで定め高に拘わらず仕入れ稼（商売）でよい、右のとおり御料・私領・寺社領に洩れなく触れる（通知する）ものなり。九月。右の趣旨を通知すること。）

幕府直轄地・私領・寺社領に対しての命令であるが、各藩もこれに従った。

「文化三年の酒造勝手造り令」は江戸積（江戸向け出荷）酒造業者間の競争を促進して入津樽数（江戸の入荷樽数）が増加で江戸市場が飽和状態となり、供給過剰から酒価の暴落をもたらした。江戸積酒造業者は共倒れを防ぐため、自主規制の申合せがされ酒価は米価の上昇を越える値上げとなった。

柚木学氏『酒造りの歴史』から、江戸入津樽数の変化とその顛末をみていく。

享和三年（一八〇三）　九五万七九三五樽

文化二年（一八〇五）　九六万二九七二樽

文化十四年（一八一七）　一〇一万四九六七樽
文政四年（一八二一）　一二二万四四八三樽

酒価の釣上げに、幕府は文政九年七月に調査に乗り出した。〆売（しめうり）による出荷調整の価格操作を主導した大坂の吹田屋与三兵衛が捕縛され、死罪という厳罰を申し付けられた。吹田屋は牢死して事件は落着いた。この前年の文政八年に、幕府は文化三年以来の酒造勝手造りを撤回して、無株営業人の酒造を禁止した。幕府は酒造統制の強化し、天保三年（一八三二）辰年に、新たに新規株の交付を行った。「辰年御免株」といわれるもので、天保七年には、飢饉を理由に、再び酒造取締りを強化していった。さらに天保十二年からの天保の改革（一八四一―四三）は風俗矯正、質素倹約をはじめ生活全般にわたる統制を行った。

五　天保二年の大食会

『図説江戸時代食生活事典』雄山閣出版に記載があるが、典拠は田中香涯氏『医事雑考奇珍怪』で詳細な記載も典拠もない。釣りと酒のエッセイで知られる佐藤垢石氏『『たぬき汁』以後』つり人社に引用されるが、やはり出典がない。佐藤垢石氏の文章から該当部分を次に示す「名を遺した記録保持者は二十四、五人」と記されるが二十一人の名しかない。蜜柑を食べた者に名の無い数人がいるためらしい。「長さ七寸の鰹節五本をがりがり」とか「生豆三合に水一升」という変な者もいるので、話題作りのデマだろう。（地名の誤字の元大阪町はママとした）

文化十四年二月十三日に、江戸両国の柳橋に、大食競演会というのが開かれたことがある。これへ出席した選手桐屋五左衛門というのは、蕎麥五十七杯を食ったあとで、三合入りの盞で酒二十七盃をのんでから、めし《ママ》三杯に茶九杯を喫し、さらに甚句を唄って躍りだしたという剛の者であった。次に、天保二年九月七日やはり柳橋万八樓で催した大食会では、市ヶ谷大原町木具職遠州屋甚七というのが、十六文盛りの蕎麥四十二杯を平らげ、御船方の国安力之助が三十六杯、浅草の神主板垣平馬が、同じく三十五杯。（中略）

天保の万八樓の会は壮観であった。入口に受付の帳場を設え、来会者を次から次へ住所、氏名年齢、職業を記入する。来会者百六十二人、受付の次の間には羽織袴をつけた接待役が十人、客を待ち受けている。なかなかの配慮である。

選手が受付を通過してくると、まず予選として膳に向かわせ、飯の高盛り十五杯と汁五杯を勧める。米は肥後の上白、味噌は岡崎の八丁味噌、出しは北国の昆布、椀は一合五勺はたっぷり入る大ものだが、選手として自らを任じて集まった勇猛の人々であるから、これしきの風景では胆を冷やすような仁は一人もいない。しからばご免、と挨拶して競って箸をとり、椀の尻を握り、食うは食うはぺろりと食って予選通過は易々たるもの、落伍者は極めて少数であったという。

さて、選手達は本会場へ入ってみて、そのものものしさに驚いた。大広間である会場には目付方が三人控えて四方に眼をくばり、算盤を手にした計算方が三人、三人の記録方は机を前にして粛として座す。やがて席次が定まって丸く座についた百数十人の選手、臍下丹田に力を入れて、ぱくつきはじめた。
かくて激戦の末、後世まで名を遺した記録保持者は二十四、五人の多きを数えたのである。出羽新座主殿の家来田村彦之助は、四文揚げの天麩羅三百四十を食った。永井肥前守の家来辻貞叔は大福餅三百二十を平らげ、江戸堀江町の家主清水徳兵衛は鰻七貫目分の蒲焼きと飯五人前をぺろりとやってのけた。雷権太夫の弟子である玉嵐龍太郎は酒二升に飯二十杯、汁十八杯を片づけてけろり。神田三河町呉服屋の小松屋宗七は、十六文盛りの汁粉三十二杯。一樽三百箇入り梅干二樽を食って、すっぱい顔しなかったのは深川霊岸寺前の石屋京屋多七。たくあん二十本を噛った下総葛西村の百姓藤十郎という猛者もいた。

変わったのは、長さ七寸の鰹節五本を、がりがりやってしまった深川の漬物商加賀屋周助、蜜柑五百五個を食った桜田備前町料理屋太田屋嘉兵衛などである。両国米沢町の権次というのは山鯨（猪鍋カ）十五人前。油揚げ百五十枚が、下谷御成道建具屋金八。一把七、八十房ずつついた唐辛子三把を食った神田小柳町の車力徳之助という閻魔のような怪漢もあった。四文ずつの鮨代金にして一朱（一両の一六分の一で一両の実勢が六千四百文）を胃袋へ送ったのは、照降町煙管屋の村田屋彦八。

元大阪《ママ》町の手習師匠今井良輔は生葱十把を食い、谷中水茶屋の榊屋伊兵衛は、醤油一升八合をのんだ。塩三合をなめたのが、清水家の家臣金山半三郎。生豆三合に水一升を平らげた馬のような男は両国の芸人松井源水。最後に、小梅小倉庵の若者勇吉というのは、黒砂糖四斤（二・四キログラム）をなめた。

話題作りのデマとしたが、木の根をかじるように「鰹節五本をがりがり」、家畜の飼料のような「生豆三合に水一升」、牛馬に与えるような「塩三合」と「黒砂糖四斤」をなめる。食べたいようなものでないが、予選に飯の高盛り十五杯と汁五杯を勧められる。天保の大飢饉の時期（天保四年から七年）に流されたデマと考えられる。大食の戒めというよりも飽食を願ったデマだ。兎園会の時期（文政期）とは状況が異なるのだろう。

天保二年九月七日は西暦では一八三一年十月十二日。蜜柑を食べた数はともかく、この時期に五百五個の蜜柑が揃えられたのだろうか。この時代の蜜柑は小玉で種の多い紀州蜜柑。紀国屋文左衛門の蜜柑伝説もこれである。旧暦十一月八日に鍛冶屋、鋳物師など日頃ふいごを用いる家で守護神をまつる神事の鞴《ふいご》祭の供え物が蜜柑で、これを投げて子供に拾わせる風習があった。話に現実味があるかという問題である。

天保二年の大食会の参加者名簿

天保二年九月七日の柳橋万八楼で催した大食会で、後世まで名を遺した記録保持者は二十四、五人というが、一覧の形に改めてみた。合計二十一項目である。蜜柑五百五個は四、五人で食べたようだ。計算方が三人も居るのに大雑把に過ぎる。飯田昭一氏編『史料集成江戸時代相撲名鑑』によれば、五代目雷権太夫は天保二年二月四日の芝神明社内で勧進元をしているが、弟子の玉嵐龍太郎の名はないので、まだ一人前ではないのだろう。立川昭二氏『近世病草紙』によれば、松井源水は幕末まで十四代続いた香具師で、こま回しで客を集め、歯抜きや歯固めの妙薬を売り、業としていた。寺門静軒『江戸繁昌記初編』（天保三年刊）の金竜山浅草寺の中にも「源水こま回わし」がある。竹谷長二郎氏の現代語訳で見ていく。「からくりがあってそうなるのか、幻術があってそうするのか、こまは意のままに回る。松井源水はこの技をおとりとして薬を売る。はじめは扇子を使い、そしてきせるを使い、くりかえし投げては受け、受けては投げる。心棒を一ひねりしててのひらの中で回すのだが、すぐに動きすぐに止まる。側に長さ一丈ばかりの竹ざおを立て、さおの上にかさをかけ、かさの周囲に赤い絹をめぐらし、中には糸を垂れ下げてある。そこで大きなこまを回してさおを走り上させる。上りつきるとかさにはいる。今度は小さなこまをさおに上らせ、大きなこまを迎えさせ、大小いっしょにさおを下ってくる。まことに告げる口や、聞く耳、それに引く手や、走る足があるように見える。こうしてみると人間が耳や目があっても知のないものはこまにも及ばないことになる。ところで儒者で知があっても行いのないものはこまにおよばないといっても言い足りないので、これはまことに悲しむべきことだ。」

鰹節五本を齧るは食糧に木の根を齧ること、生豆三合に水一升を平らげるは馬の飼料確保のため豆腐を禁止された飢饉の姿を模倣したとも見られる。

○十六文盛りの蕎麥四十二杯、市ヶ谷大原町木具職遠州屋甚七
○同じく三十六杯、御船方の国安力之助
○同じく三十五杯、浅草の神主板垣平馬
○四文揚げの天麩羅三百四十、出羽新座主殿の家来田村彦之助
○大福餅三百二十、永井肥前守の家来辻貞叔

○鰻七貫目分の蒲焼きと飯五人前、江戸堀江町の家主清水徳兵兵衛
○酒二升に飯二十杯、汁十八杯、雷権太夫の弟子の玉嵐龍太郎
○十六文盛りの汁粉三十二杯、神田三河町呉服屋の小松屋宗七
○一樽三百箇入り梅干二樽、深川霊岸寺前の石屋京屋多七
○たくあん二十本を噛つた、下総葛西村の百姓藤十郎
○長さ七寸の鰹節五本を齧つた、深川の漬物商加賀屋周助
○蜜柑五百五個を食つた、桜田備前町料理屋太田屋嘉兵衛など
○山鯨十五人前食つた、両国米沢町の権次
○油揚げ百五十枚食つた、下谷御成道建具屋金八
○一把七、八十房の唐辛子三把を食つた、神田小柳町の車力徳之助
○四文の鮨を一朱分食つた、照降町煙管屋の村田屋彦八
○生葱十把を食つた、元大坂町の手習師匠今井良輔
○醤油一升八合を飲んだ、谷中水茶屋の榊屋伊兵衛
○塩三合をなめた、清水家の家臣金山半三郎
○生豆三合に水一升を平らげた、両国の芸人松井源水
○黒砂糖四斤をなめた、小梅小倉庵の若者勇吉

六　天保の大飢饉と天保の改革

天保の大飢饉の時期は、天保四年（一八三三）の大凶作から頂点となった同七年といわれるが、天保三年の凶作にはじまり天保九年の凶作まで続き、やっと天保十年の豊作で持直すまでの七年間の凶荒で、菊池勇夫氏『近世の飢饉』によれば「それまでの近世の飢饉が単年度的大凶作による被災という色合いが強いのに対して、度重なる凶作による飢えの恐怖に長い間さらされたのが、この飢饉の大きな特徴といえる」。菊池勇夫氏の同書には、幕府が把握していた「作割」が掲載される。作割とは平年作を規準にした何分の出来かを示した収穫割合である。それによると、全国的には天保七年（四分二厘四毛）の方が同四年（五分二厘五毛）を上回る凶作とみられていた。

天保四年の場合は、出羽国（山形・秋田）が二分作で、陸奥国（福島・宮城・岩手・青森）が三分作と東北地方が特にひどく、二国のうちでも出羽国の損害が大きいと把握されている。

天保七年の場合は、出羽国（四分四厘）が全国平均よりやや良いのに対して、陸奥国（二分八厘）は落込みが目立ち、これに山陰（三分二厘）・関東（四分三厘）が続いている。

幕府は江戸への回米（産地からの買入れ米）を奨励して、江戸商人に大坂や諸国での米の買付けを行わせた。こうした中で天保八年二月に大坂で江戸回米を糾弾する大塩平八郎の乱が起こった。大塩平八郎は大坂東町奉行所の元与力・吟味役で陽明学者、後任の東町奉行跡部良弼が何ら飢饉の救済策をとらず、大量米を江戸へ回漕したため、米を買占めた豪商らは暴利を得た。大塩は再三跡部に救済の嘆願を行ったが聞き入られなかった。大塩は門弟の与力・同心、近隣の富農らとはかり二月十九日に挙兵、近隣の農民にも檄を飛ばし、参加を呼びかけ、船場に近い豪商を襲った。大坂城代土井利位は近隣諸藩に来援を求め、城兵は西町奉行堀利堅の指揮下に銃をもって応戦し、一日で鎮圧した。

大塩の檄文の主要部分の書き下しは次のよう。

> 此の節は米価弥々《いよいよ》高値に相成り、大坂の奉行ならびに諸役人共万物一体の仁《じん》を忘れ、得手勝手の政道を致し、江戸へは廻米の世話致し、天子御在所の京都へは廻米の世話をいたさゞるのみならず、五升壹斗位の米を買いに下り候者共を召捕《めしとり》になど致し、（中略）何れの土地にても人民は徳川家御支配の者に相違無き処、如此《かくのごとき》隔《へだて》を附け候は、全く奉行等の不仁にして、其の上勝手我侭の触書《ふれがき》等を度々差出し、大坂市内遊民《ゆうみん》（楽興を追う人）計《ばかり》を大切に心得候は前にも申通《もおすとおり》、道徳仁義も存ぜざる拙《つたな》き身故にて、甚だ以て厚《あつ》か間敷《ましく》不届の到り、且つ三都の内、大坂の金持共、年来諸大名へ貸附け候利足《りそく》金銀並びに扶持米等莫大に掠め取り、未曾有の有福に募《つの》り、町人の身を以て、大名の家老用人の格に取用され、又自己の不足無き暮し。（中略）蟄居の我等、最早堪忍成り難く、湯武《とうぶ》（殷《いん》の湯王と周の武王）の勢い、孔孟（孔子と孟子）の徳はなけれども、拠《よんどころ》無く天下の為と存じ、血族の禍《わざわ》ひを侵し、此度有志の者と申合せ、下民《げみん》を悩し苦しめ候、諸役人を誅伐致し、引続き奢《おごり》に長じ居候、大坂市内金持の町人共誅戮致すべく候間、右の者共、穴蔵に貯え置き候金銀銭並諸蔵屋敷内へ隠し置き候俵米《たわらまい》、夫々《それぞれ》分散配当遣し候間、摂河泉播（摂津・河内・和泉・播磨）の内、田畑所持致さざる

者、縦令《たとい》所持致候《そうらえども》共、父母妻子家内の養方出来難き候程の難渋者へは、右金米取らせ遣し候間、何日にても、大坂市内に騒動起り候と聞得候はゞ、里数を厭《いとわ》ず一刻も早く、大坂へ向け駆参り候面々へ、右米金遣し申すべく候。(『日本歴史大事典』小学館)

現代語訳を次に示す。

この頃米価がいよいよ高値になり、市民が苦しむにかかわらず、大坂の奉行並に諸役人共は万物一体の仁を忘れ、私利私欲の為に得手勝手の政治を致し、江戸への回米を企らみながら、天子の御在所の京都へは回米を致さないだけでなく、五升一斗位の米を大坂に買いにくる者さえこれを召捕るという。(中略)何れの土地であっても人民は徳川家御支配の者に相違ないのだ。それをこの如く隔りを付けるのは奉行等の不仁である。その上勝手我儘の布令を出して、大坂市中の遊民ばかりを大切に心得るのは前にも申したように、道徳仁義を存じない拙き身分でありながら甚だ以て厚かましく不届の至りである。また三都の内大坂の金持共は年来諸大名へ金を貸付けてその利子の金銀並に扶持米を莫大に盗み取っていて未曾有の裕福な暮しを致している。彼等は町人の身でありながら、大名の家へ用人格等に取入れられ、又は自己の田畑新田等を夥しく所有して何不足なく暮す。(中略)私等蟄居の者共はもはや堪忍し難くなつた。伝説の湯王・武王の威勢、孔子・孟子の仁徳がなくても天下の為と存じ、血族への災いを犯し、此度有志のものと申し合せて、下民を苦しめる諸役人を先づ誅伐し、続いて驕りに耽つている大坂市中の金持共を誅戮に及ぶことにした。そして右の者共が穴蔵に貯め置いた金銀銭や諸々の蔵屋敷内に置いてある俸米等は、それぞれ分配致したいから、摂津・河内・和泉・播磨の国々の者で田畑を所有しない者、たとへ所持していても父母妻子家内の扶養が困難な者へは、右金米を取分け遣はすから、何時でも大坂市中に騒動が起つたと聞き伝へたならば、里数を厭わず、一刻も早く大坂へ向け馳せ参じて来てほしい、各々の方へ右金米を分配する。

打毀しの参加者に金米の略奪をすすめているように見えるが、大塩は挙兵に先立ち、蔵書の売払い金六百二十両を得て、これを窮民一万軒に一朱ずつ分配している。

大塩は決起直前に幕府老中にあてた二月十七日付け書簡（建議書）では、現職の老中四名のかつての不正を批判、勘定奉行内藤矩佳らの大坂在職中の不正（公金の不正貸付）を糾弾し、暗に彼らの更迭を求めている。大塩は直接行動により大坂の不正な役人や豪商を除くとともに、幕府の小人《しょうじん》（徳の無い人）の排除も意図していたのだろうか。ただこの「建議書」は資料と一緒に飛脚で送ったが、途中で盗難にあう。書状類は伊豆の山中に散乱し、伊豆国韮山代官江川太郎左衛門英龍《ひでたつ》のもとに回収された。大塩の建議書を回収した代官江川英龍は、建議書の内容の重大さに気付き、それを江戸に差し出す前に書き写させた。このため、建議書の写しが江川家文書の中に残され伝わった。

天保七年に江戸では、神田佐久間町に「御救小屋」が設置された。これは江戸市内のその日稼ぎの者のうち、特に「極貧の者」を対象とした。十一月末に四千二百人ほどを収容したというが、江戸の外部から流入した飢餓人は保護を受けられない。町会所の備荒貯蓄を利用した「臨時御救」や、同八年三月から五カ月間に及ぶ普請奉行による御救普請の実施など、窮民対策を重視したことが江戸での打毀しを防止したという。

さらに天保八年三月から十一月の間、品川・板橋・千住・内藤新宿の江戸四宿に新たに「御救小屋」が設けられた。関係代官が管轄し、江戸に通じる主要街道の入り口で市内流入を阻止する狙いであった。帰村できない者は人足寄場に送られた。

第五章　結（むすび）

江戸の酒合戦で初期の有名なものは、大師河原の酒合戦、大師河原というのは川崎〔現在の神奈川県川崎〕近郊の大師河原村という村の地名である。大師河原村の名主池上太郎右衛門幸広〔大蛇丸底深〕と前橋藩酒井河内守の侍医の伊舟城春朔〔通称茨木春朔という地黄坊樽次〕の酒宴だが、その様子を春朔が『水鳥記』という仮名草子という小説にまとめ世に広まった。初めは写本であったが、京都の書肆が改変〔五カ条の制札、薬師堂の願書の日付を慶安二年四月から慶安元年八月、底深降参〕して出版、江戸の書肆が手を加え〔酒令を犬虎目礼木仏座から犬居目礼古仏座〕更に広く流布した。

仮名草子というのは、江戸初期の小説類の総称で知識人の漢文に対して、一般の武士や町人の読める平易な平仮名を用いたことによる名称である。『水鳥記』は、徒然草に倣った序文、江戸から川崎までの道行は東海道名所記を参考に枕草子の物尽くしに倣う。同時代の仮名草子の『犬つれつれ〔徒然〕』は徒然草のパロディ、『東海道名所記』風物紹介の滑稽小説、『尤之双紙《もっとものそうし》』枕草子のパロディで枕草子の「枕」〔異字体の「木＋尤」〕から木偏を除いたもの、これらが参照されたように思われる。『水鳥記』の後半は軍記物で明らかに『平家物語』と『太平記』に倣っている。

『水鳥記』の跋文（あとがき）は、「そもそも、此そうしを思ひたちぬる事」で始まり、近くの山里に私・樽次を知る人がいたことによる。治療のために医師である樽次のもとへ通ってくるときなどに、酒宴で遊興する友人を一人二人誘い、かの里人と敵味方の二手に別れて、毎日のように闘飲した。その戯れを如何なる伝手か、ある玉簾のうちの高貴な方に聞こえ、その戯れの様子を、聞きたいと思し召したことと執筆の趣旨を記す。簾のうちの高貴な方とは一番高貴な方かもしれない。大師河原での酒宴の経緯は分からないが、『筠庭雑録』の読者の書込み「茨木ガ治療ニテモアルカ。サナクトモ酒友ナレバ、コノヨロコビノ酒宴ニ招カレ、此事ヲ戯文ニ作レト乞ハレテ書ケルナルベシ」は案外当っているのかもしれない。物語りから文学作品がつくられて伝説となった。

酒合戦全体を通して有名なのは、千住の酒合戦である。明治政府の編纂した百科史料事典『古事類苑』では、酒合戦の項に高田与清『擁書漫筆』を収録する。公刊された板本ということだろう。千住の酒合戦は、大田南畝の「後水鳥記」でも知られるが、写本とそれを主体とした「闘飲図巻」が作られ。ともに写本で普及した。「闘飲図巻」を写した板本も作られたが私家版で後水鳥記写本とともに貸本で流通した。国会図書館蔵『高陽闘飲』は私家版の写し、川崎市立中原図書館蔵『後水鳥記』は貸本屋が作った書本の写しである。公刊された板本は無かったので採用されなかったのだろう。ただ『古事類苑』「器用部一」に抄録される。器用部一は明治四十二年刊なので、明治十六年刊の集成館版『一話一言』に収められた齋藤雀志所蔵『高陽闘飲図巻』から補った「後水鳥記」だろうが、「〇中略」「〇下略」と大半が省略され、日付と場所と盃の名称のみとなっている。

歴史的事実には証拠（エビデンス）が必要で、同時代人の当時の記録が証拠となる。
喜多村信節《のぶよ》（筠庭《いんてい》）の岩波文庫版『嬉遊笑覧《きゆうしょうらん》』「巻之十上　酒の飲くらべ」の割註「文化十二年十月廿一日、千住宿中屋六右衛門といへるもの、六十の年賀に酒の飲みくらべしたり、其時諸方の詩歌を求めけるに、おのれも狂歌を一首かきてやりぬ。七里の賑のみか飲むことは鯨にまさる人の酒もり」とあり、多くの人に詩歌をお願いしたのがわかる。

大田南畝も『七々集』大田南畝全集第二巻に「千住にすめる中屋六右衛門六十の寿に、酒のむ人をつどへて酒合戦をなすときゝて、かの慶安二年の水鳥記を思ひて、よろこびの安きためしのとしの名を本卦がえりの酒にこそくめ、又、はかりなき大盃のたゝかひはいくらのみても乱に及ばず」と書き送っている。南畝はこればかりでなく、当日の掛け物の依頼を受け「犬居目礼古仏座《けんこもくれいこぶつのざ》、礼失求諸千寿野《れいしつしてこれをせんじゅのやにもとむ》」という書を贈ったと「後水鳥記」に記している。信節は『嬉遊笑覧』「付録」の水鳥記記事のなかで「水鳥記といふ草子は酒戦の戯文なり、其中に犬虎目礼木仏座といえることあり。近年千住宿にて酒の飲くらべしたる時、江戸の聞人《ぶんじん》に詩歌など乞ひける。太田《ママ》南畝この冊子の語をとりて「犬虎目礼木仏座、礼失求諸千寿野」と書たり。この事を如何心得たるかしらず。此草子もとより誤字多し。おもふに犬居目礼古仏座なるべし。犬居は犬の如く居る也。目礼は字の如く、目にて聊かゑしやくするのみ、古仏座はすこしも動かず居る、みな無礼講のふるまひなるべし、なめげなるを、此会の法とするなるべし」と南畝の誤りと指摘する。喜多村信節の南畝に対する批判が、奇しくも実際に千住の酒合戦があったことを示す。南畝は「犬虎目礼木仏座」と書き送ったが、「後水鳥記」では「犬居目礼古仏座」と修正したのだろうか。

高田与清『擁書漫筆』と大田南畝の「後水鳥記」は、どちらも酒合戦の記録を作成した二世平秩東作《へづつとうさく》の「千住酒戦録」がもとになっている。擁書漫筆には「この酒戦記は、平秩東作が書つめたり也。平秩東作は（中略）此《この》人すでに見まかりて年へぬれば、今の東作はその名を襲《つ》ぐるなるべし」とあり、「後水鳥記」も「この日、机に向かって酒量を記録したのは、二世平秩東作であったとか」とある。二世平秩東作はもと紀州神社（北区豊島七丁目）の神主で芍薬亭長根『芍薬亭文集』初篇に「後《のち》の平秩庵東作、氏は鈴木、名は光村、武蔵国豊島郡豊島村、紀州明神の祠官《しかん》也」とある。また文化十四年ごろ成立の『諸家人名江戸方角分』国会図書館蔵から、酒合戦の時には千住宿に住んでいたことがわかる。

擁書漫筆と後水鳥記とで飲酒量・盃名に差異があるのは一年ほどの間がある東作の錯誤だろう。直後に執筆された「後水鳥記」の方が正しいのだろう。『擁書漫筆』には後水鳥記にない記事がある。「千住掃部宿の八兵衛といえるものは、壱分饅頭九十九くいたりといえり」と饅頭を九十九個食べた掃部宿の八兵衛という下戸の名が記されている。「後の水鳥記」というテーマにあわないので、南畝は意図的に記さなかったのかもしれない。千住の酒合戦は資料の多さとエビデンス（証拠）から実際の事であった。

万八楼の酒合戦は大酒大食の会とも呼ばれるが、曲亭馬琴『兎園小説』などどれも、「文化十四年丙丑三月廿三日、両国柳橋万屋八郎兵衛方にて大酒大食の会興行」とあるだけで主催者も目的もわからない。「興行」とあることを、見世物興行とする考えもあるが、興行は事をおこなう意味で、現在の大食い競争（フードファイト）のテレビ放映と同列にみるのは正しくない。小泉武夫氏の小説『蟒之記』（文庫版は『うわばみの記』）で『兎園小説』を「主催者の滝沢馬琴がその日の様子をまとめて編集した随筆集」としている。小説（ノベル）なので、どの様な設定でも構わないが、小泉氏は酒に関する著作を多数だされているので事実と誤認される方もいるようだ。

滝沢馬琴（曲亭馬琴）が主催者というエビデンス（証拠）はないので、馬琴が万八楼で書画会を開催したのを空想で敷衍したものである。この万八楼の大酒大食の会を兎園会で発表したのは、報告者の海棠庵（関思亮《せきしりょう》）が見たことの報告ではなく、風聞の書留のあとに水を飲むことと枝柿を食うことを付け加えたものである。馬琴が行ったのは発表内容の「醴《あまざけ》」を「酢」に変えて、一文字を改変することで、報告の趣旨（大食の戒め）を明確にしたものと考える。結局、出所は噂で大酒大食の会は存在しなかった。

『兎園小説』は奇談の風聞を取り集めものである。馬琴は、なぜ兎園小説をまとめたのだろうか。中国明代の伝奇小説に先駆する、六朝時代に起ったと伝えられる、事件そのものを記すという形の、知識人の対話の中から奇談を集めて成立した志怪《しかい》小説にならったのではないかと考える。志怪小説は話をそのまま記すものだが、報告の趣旨を強調するため最小の変更を加えたものだ。

こうして見ると、大師河原の酒合戦は『水鳥記』という文学作品。万八楼の酒合戦は『兎園小説』に集められた風聞の一つ。千住の酒合戦はエビデンスがあるので事実で、「文化三年の酒造勝手造り令」により江戸市場の酒が飽和状態となり、供給過剰から酒価の暴落をもたらしたという背景があった。ほかにも酒合戦はあったであろうが、記録が残っていないということである。

参考文献

大師河原の酒合戦

山東京伝「近世奇跡考」『日本随筆大成』第二期第6巻、吉川弘文館、一九七四年
喜多村信節「筠庭雑録」『続燕石十種』第二巻、中央公論社、一九八〇年
喜多村信節「筠庭雑録」『日本随筆大成』第二期第7巻、吉川弘文館、一九七四年
川崎市市民ミュージアム編『大江戸マルチ人物伝　池上太郎左衛門幸豊』川崎市市民ミュージアム、二〇〇〇年
古江亮仁『大師河原酒合戦』多摩川新聞社、一九九八年
中道等編「水鳥記」『池上文庫』一九四一年七月十日発行（私家版）
深沢秋男ほか編「水鳥記」『假名草子集成』第四十二巻、東京堂出版、二〇〇七年
宮崎成身「視聴草第五巻」『内閣文庫所蔵史籍叢刊　特刊第二』影印本所収　汲古書院　一九八五年。
「六集之九」に「地黄坊事蹟考」がある。
大田南畝「家伝史料巻八」『史籍雑纂第三』続群書類従完成会、一九七四年

『御府内寺社備考　二』影印本、名著出版、一九八六年。島田筑波・河越青士編『東京都社寺備考　寺院部第一冊―天台宗之部―』北光書房、一九四四年の翻刻を参考とした。
『明治五年寺院明細帳』・『明治十年寺院明細簿』は東京都公文書館の所蔵資料検索データベースを参照した。
黒木千穂子「『続水鳥記』の作者」『大妻国文』三十二号、大妻女子大学国文学会、二〇〇一年三月
朝倉晴彦編「犬つれつれ」『假名草子集成』第四巻、東京堂出版、一九八三年
渡辺守邦校注「尤之双紙」『仮名草子集』「新日本古典文学大系第七十四巻」岩波書店　一九九一年
冨士昭雄校訂「東海道名所記」『東海道名所記／東海道分間絵図』「叢書江戸文庫第五〇巻」国書刊行会　二〇〇二年

千住の酒合戦

拙著『千住の酒合戦と後水鳥記』三弥井書店、二〇二一年
拙稿「千住酒合戦と闘飲図巻―足立区立郷土博物館蔵『後水鳥記』図巻の検討を含めて―」『足立区立郷土博物館紀要』第37号、二〇一六年三月
拙稿「酒合戦と闘飲図巻―スペンサー・コレクション「闘飲図巻」の検討―」『足立区立郷土博物館紀要』第7号、一九八八年十一月
高田与清「擁書漫筆」『日本随筆大成』第一期第12巻、吉川弘文館　一九七五年
大田南畝「一話一言5」『日本随筆大成』別巻5、吉川弘文館　一九七八年

大田南畝「一話一言巻五十二」『大田南畝全集第十五巻』所収　岩波書店、一九八七年
大田南畝「七々集・蜀山雑稿」『大田南畝全集第二巻』所収　岩波書店、一九八六年
竹谷長次郎訳『現代語訳　江戸繁盛記　上』教育社新書　一九八〇年
足立区立郷土博物館編『区制90周年記念文化遺産調査特別展　琳派の花園あだち』足立区立郷土博物館、二〇二二年

万八楼の酒合戦

足立区立郷土博物館編『千住の酒合戦と江戸の文人展』足立区立郷土博物館、一九八七年
拙著『曲亭馬琴『兎園小説』の真偽　うつろ舟の蛮女と大酒大食の会』三弥井書店、二〇二二年
日野龍夫校注「柳橋新誌」『新日本古典文学大系100』「江戸繁盛記　柳橋新誌」岩波書店、一九八九年
前田愛注釈「柳橋新誌」『日本近代文学体系7』「明治開化期文学集」角川書店、一九七〇年
「兎園小説」『日本随筆大成』第二期第一巻、吉川弘文館、一九七三年
三田村鳶魚校訂「文化秘筆」『未刊随筆百種』第八、米山堂、一九二七年
三田村鳶魚校訂「眞佐喜のかつら」『未刊随筆百種』第十六、米山堂、一九二八年
森銑三ほか編「我衣」『日本庶民生活史料集成』第十五巻「都市　風俗」、三一書房、一九七一年
鈴木棠三ほか編『藤岡屋日記』第一巻、三一書房、一九八七年
史籍研究会「視聴草第三巻」『内閣文庫所蔵史籍叢刊　特刊第二』汲古書院、一九八五年
三田村鳶魚編「道聴塗説」『鼠璞十種』中巻、国書刊行会、一九一六年

「諏訪郡上原村柿沢家文書」書簡（往来物・文政六年一月）請求番号3―31―5、長野県立歴史館蔵
小泉武夫『幻の料亭・日本橋「百川」黒船を饗した江戸料理』新潮社、二〇一六年
宇佐美英機校訂『近世風俗史（守貞謾稿）』一―五、岩波文庫　一九九六―二〇〇二年
日本風俗史学会編『図説江戸時代食生活事典』雄山閣出版、一九七八年
田中香涯『医事雑考奇珍怪』鳳鳴堂書店、一九三九年、国会図書館デジタル参照
佐藤垢石「食指談」『たぬき汁』以後』所収、つり人社、一九九三年（最初の書籍化『たぬき汁続々』薫風書院、一九四八年）
飯田昭一編『史料集成江戸時代相撲名鑑』上下、日外アソシエーツ、二〇〇一年
立川昭二『近世病草紙』平凡社、一九七九年
竹谷長次郎訳『現代語訳　江戸繁盛記　上』教育社新書　一九八〇年
吉田元『江戸の酒―その技術・経済・文化』朝日新聞社　一九九七年
柚木学『酒造りの歴史』雄山閣出版、一九八七年
菊池勇夫『近世の飢饉』吉川弘文館、一九九七年
仲田正之編『大塩平八郎建議書』文献出版、一九九〇年
三田村鳶魚『江戸の史蹟』江戸ばなし第18冊、青蛙房、一九五八年

あとがき

前著『千住の酒合戦と後水鳥記』では、後水鳥記成立の前史として、『水鳥記』と大田南畝との関わりを取り上げたが、この『水鳥記』が面白い。現代語訳には、精選版日本国語大辞典が欠かせなかったが、『假名草子集成』あってこそで、最初に『江戸叢書』の「水鳥記」を見たときは途方に暮れた。現在は古典籍も画像で閲覧できるので便利になった。翻刻でも意味不明や固有名詞（地名・人名）が不審のときは大助かりである。

前著では、『水鳥記』の最初の酒令「犬虎目礼木仏座」の意味が分からなかった。国会図書館蔵の京板の改題本『楽《たのしみ》 機嫌上戸《きげんじょうご》』の書込みに「虎疑ラクハ狐是（虎というのは狐のことではないか）」。この書込みは興味深い。「犬虎《けんこ》」は意味不明だが、「犬狐《けんこ》」ならば神社の社前に「山犬・狼」、「狐」がかしこまる。『平家物語』にある「狐狼野干の栖」と、『太平記』にある「前には虎狼の怒れるあり」からの混同も本書で指摘した。

大田南畝は、掛け物の依頼を受け「犬居目礼古仏座《けんこもくれいこぶつのざ》、礼失求諸千寿野《れいしつしてこれをせんじゅのやにもとむ》」という書を送ったと後水鳥記に記している。喜多村信節は『嬉遊笑覧』で南畝は「犬虎目礼木仏座《けんこもくれいこぶつのざ》」と書いたが「犬居目礼古仏座」の誤りと指摘。諸橋轍次『大漢和辞典』の犬の項目に「犬居目礼古仏座」を採録して出典を『嬉遊笑覧付録』とするので、信節による南畝への非難はよく知られている。時代考証家の三田村鳶魚《えんぎょ》は『江戸の史蹟』で酒合戦を「文化、文政に流行した擔《かつ》ぐといつて譃説《きょせつ》を流布して興《おもしろ》がる悪戯《いたずら》」としている。

千住の酒合戦はエビデンス（証拠）があるので、鳶魚も実際にあったことと認められるだろう。しかし、万八楼の酒合戦ともいわれる大酒大食の会は、調べてみても伝聞があるだけ。『兎園小説』に戻り、天理図書館にお願いして『兎園小説』の「大酒大食の会」の複写を提供して頂いた。日本随筆大成本の大酒大食の会は、菓子組の「酢」の表記に違和感があるが、天理本も「酢」である。長野県立歴史館がホームページで公開する「古文書公開日記」に文政六年一月の書簡があり、「文化十四年丑《うし》五月大飯食」を記す。文政五年頃の評判を伝え、『兎園小説』も文政五年頃からの噂の記録であった。

さて、鳶魚は、千住の酒合戦や万八楼の酒合戦は文化文政に流行した虚説で、江戸時代初期によく行われたというが、『水鳥記』かそれをまねた『続水鳥記』しか伝わっていない。

万八楼の酒合戦で当時、江戸のあちこちでは、「大酒之会」というものが行われていたといった方もおられたが、書画会に付属した酒席や日常の酒宴は沢山あっただろうが酒合戦と伝わるのは、文化十四年の二度目の千住の酒合戦しか見つからない。

酒合戦へのかかわりは、一九八七年に足立区立郷土博物館の「千住の酒合戦と江戸の文人展」を担当したことによる。その頃の認識では「高陽闘飲図巻」のオリジナルはニューヨーク公共図書館のスペンサー・コレクション蔵ニューヨーク本であるとされた。ここからニューヨーク本の里帰りを企画の中心とした。貸出の了解は頂いたが、写真の提供は撮影に来るようにとの指示であった。さて手配は、当時の博物館長杉山博先生から知合いに頼んだ。経費はと伺うと、お金は要らない。ご好意をありがたく頂いた。後日フイルムが到着した。お品物の受入れは手持ちという指示で、旅費・宿泊費・滞在費・送迎費・損害保険料の確保と貸出手数料（僅かな金額）の送金。図巻用の仮設展示台の発注、国内のお品物の出品のお願い・写真撮影と図録作成。国内では内田本・福嶋本の「高陽闘飲図巻」、水鳥記絵詞・水鳥記京板など。ここで「高陽闘飲図巻」に疑問が、ニューヨーク本と福嶋本の冒頭の大書の違いはともかく、南畝の後水鳥記の記載にそれぞれ異なる箇所に脱落があり、どちらが前後とはいえない。ニューヨーク本が原本でないことは紀要に掲載したが、違いについては追求までに至らなかった。

その後、職場が替わり追求する間がなかった。だいぶ経ってインターネットで「高陽闘飲」を検索すると、早稲田大学図書館の画像が現われた。その高精細画像を見ると、ニューヨーク本にそっくりだが題簽は「闘飲図巻」となっていて後日品物を見ると印影は全て書き印となる。千住の酒合戦についての論文を探すと、新しいものは全くない。二つの図巻の謎は自分で解明するしかない。時間のとれる退職後に本格的に調査を始め、二〇二一年に上梓した。

慶安の水鳥記は文学作品、文政の兎園小説は噂話集である。一方、千住の酒合戦は、町や村の一般の人々に詩歌や書画の手ほどきして生活する職業文人と、江戸後期の宿場での中国好みの文人サロンが結びつき、豊作の下での酒余りという社会を背景に成立した事物である。大田南畝は後水鳥記のなかで『水鳥記』を引用した。江戸で広く流布して評判の高い『水鳥記』の「犬居目礼古仏座」という言葉を引いたので、千住の酒合戦と架空の大師河原の酒合戦が同一視される結果となった。逆に万八楼の酒合戦は、千住の酒合戦と万八楼の書画会から類推された、実態のない噂話である。

この三つの事物を、同じようなものと見るのはナンセンスだ。酒合戦という面白い事と興味本位に扱われることが多いが、アカデミックな検討があまり行われていないので、やむを得ない結果である。

一九八七年以来の酒合戦の調査研究も今回で終わりとなる。足立区立郷土博物館では、大田南畝の自筆本闘飲図巻の入手や、足立区文化遺産調査での新たな闘飲図巻の発見があり、今後は新進気鋭の人たちに新資料の発見から解明を期待します。

前著同様に、三弥井書店出版部の吉田智恵さんのお世話になり、感謝の意を表します。画像掲載の許可を頂いた所蔵機関の皆様に謝意を申し上げます。またコレクターの増田昌三郎さん、足立区立郷土博物館からの資料提供いただきました。お礼申し上げます。

私事ですが、酒合戦の調査に誘ってくれた元同僚で亡妻純子に、心から感謝します。

令和五年五月

追記　前著『曲亭馬琴『兎園小説』の真偽』の現代語訳で「加茂村の坂迎」の「唐坂」という菓子が不明であった。底本翻刻に誤植があり「唐板（からいた）」が正しい。「唐板」というのは京都の古典的な菓子で、遣唐使が持ち帰ったという伝説をもつ、長方形のクッキーである。応仁の乱で一時中断したが、上御霊神社の近くの一店舗で現在も製造販売している。京都の食文化の奥の深さを知った。

著者紹介

佐藤　秀樹（さとう　ひでき）
1950年、東京都生まれ、立正大学文学部卒業
2016年、放送大学大学院修士課程修了

1984年、足立区教育委員会郷土資料館開設準備担当
1986年、足立区立郷土博物館開館記念「足立と北斎展」担当
1987年、足立区立郷土博物館開館一周年記念「千住の酒合戦と江戸の文人展」担当

主要著書・論文（酒合戦関連）
『曲亭馬琴『兎園小説』の真偽—うつろ舟の蛮女と大酒大食の会』三弥井書店、2022年６月
『千住の酒合戦と後水鳥記』三弥井書店、2021年１月
「酒合戦と闘飲図—スペンサー・コレクション「闘飲図巻」の検討—」足立区立郷土博物館紀要第７号　1988年11月
「千住酒合戦と闘飲図巻—足立区立郷土博物館所蔵『後水鳥記』図巻の検討を含めて—」足立区立郷土博物館紀要第37号　2016年３月
「千住の酒合戦と闘飲図巻（一）～（三）」足立史談第580～582号　2016年６～８月

古典籍に描かれた江戸の酒文化
水鳥記から始まる大田南畝と曲亭馬琴の酒合戦

令和５(2023)年６月30日　初版発行

定価はカバーに表示してあります。

発行者　吉田敬弥
発行所　株式会社 三弥井書店
〒108-0073 東京都港区三田３－２－39
電話03-3452-8069
振替00190-8-21125

ISBN978-4-8382-3406-6 C0093　　整版・印刷　亜細亜印刷

千住の酒合戦と後水鳥記

佐藤秀樹 著　46判・並製・240頁定価：本体2700円＋税

ISBN978-4-8382-3379-3　2021/1/22発行

江戸の食文化をうつす千住の酒合戦。文化12年10月21日江戸北郊千住の飛脚宿で還暦の祝の余興で開かれた。参加者は老若男女100人余り、文人・画家も招かれた酒の飲み比べの大酒会。その様子を大田南畝は「後水鳥記」として記録した。千住の酒合戦をとりまく数々の古記録の整理・比較・分析から江戸の文化人の趣向とサロン的交流の様相を垣間見る。

曲亭馬琴『兎園小説』の真偽
うつろ舟の蛮女と大酒大食の会

佐藤秀樹 著　46判・並製・212頁定価：本体2700円＋税

ISBN978-4-8382-3397-7　2022/6/17発行

兎園小説とは曲亭馬琴が友人・知人と開催した兎園会で披露しあった、異聞奇談を収録した記録集。兎園小説の中でも議論がなされてきた『うつろ舟の蛮女』と『大酒大食の会』の二つを取り上げその真偽に迫る。付録に超常現象、怪談話、風聞、忠義話、孝行話など６３話の現代語訳を掲載する。

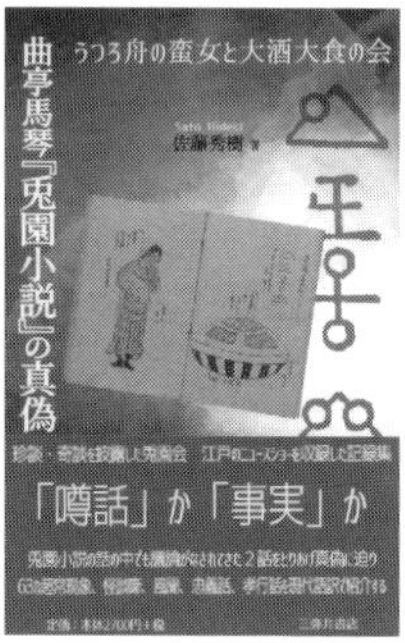